징검다리 교육연구소, 최순미 지음

바쁜

예비 1학년을 위한

빠른 뺄셈

이지스 에듀

지은이 징검다리 교육연구소, 최순미

징검다리 교육연구소는 바쁜 친구들을 위한 빠른 학습법을 연구하는 이지스에듀의 공부 연구소입니다. 아이들이 기계적으로 공부하지 않도록, 두뇌가 활성화되는 과학적 학습 설계가 적용된 책을 만듭니다.

최순미 선생님은 영역별 연산 훈련 교재로, 연산 시장에 새바람을 일으킨 ≪바쁜 5·6학년을 위한 빠른 연산법≫, ≪바쁜 3·4학년을 위한 빠른 연산법≫, ≪바쁜 1·2학년을 위한 빠른 연산법≫시리즈와 요즘 학교 시험 서술형을 누구나 쉽게 익힐 수 있는 ≪나 혼자 푼다! 수학 문장제≫ 시리즈를 집필한 저자입니다. 또한, 20년이 넘는 기간 동안 EBS, 디딤돌 등과 함께 100여 종이 넘는 교재 개발에 참여해 온, 초등 수학 전문 개발자입니다.

바쁜 친구들이 즐거워지는 빠른 학습법 ― 바빠 연산법 시리즈(개정판)

바쁜 예비 1학년을 위한 빠른 뺄셈

초판 발행 2021년 8월 5일
              (2016년 7월에 출간된 책을 새 교육과정에 맞춰 개정했습니다.)
초판 3쇄 2024년 4월 30일
지은이 징검다리 교육연구소, 최순미
발행인 이지연
펴낸곳 이지스퍼블리싱(주)
출판사 등록번호 제313-2010-123호
주소 서울시 마포구 잔다리로 109 이지스 빌딩 5층(우편번호 04003)
대표전화 02-325-1722   팩스 02-326-1723
이지스퍼블리싱 홈페이지 www.easyspub.com   이지스에듀 카페 www.easysedu.co.kr
바빠 아지트 블로그 blog.naver.com/easyspub   인스타그램 @easys_edu
페이스북 www.facebook.com/easyspub2014   이메일 service@easyspub.co.kr

본부장 조은미   기획 및 책임 편집 박지연 | 김현주, 정지연, 이지혜   교정 교열 박현진
표지 및 내지 디자인 정우영   그림 김학수   전산편집 이츠북스   인쇄 보광문화사
영업 및 문의 이주동, 김요한(support@easyspub.co.kr)   마케팅 박정현, 한송이, 이나리
독자 지원 오경신, 박애림

ISBN 979-11-6303-267-0 64410
ISBN 979-11-6303-253-3(세트)
가격 9,800원

어느새 학교 갈 나이….
초등 수학 자신감을 만들어 주는 책!

초등학교 선생님들이 강력 추천합니다!
'바쁜 예비 1학년을 위한 빠른 연산법'

단순하게 연산 과정만 강조하던 기존의 교재와는 확연히 다른 책이네요. 초등 수학 교육 과정을 반영하여 체계적으로 구성한 점이 단연 눈에 띕니다. 아이들이 어려워하는 개념은 자세하고 친절한 풀이 과정을 제시한 점도 돋보입니다.
이 책이라면, 아이들이 학교 수학을 즐겁게 준비할 수 있을 것입니다!

안양서초등학교 김현아 선생님

초등 1학년 수학 익힘책 유형의 문제를 쉬운 버전으로 연습하는 책이네요.
예비 1학년이 초등 수학을 준비하기에도 아주 좋지만, 기초가 부족한 1학년에게도 큰 도움이 되겠어요. 또한 '엄마표 한마디'에 실제 선생님들이 학교에서 설명하는 방법이 그대로 담겨 있어, 부모님에게도 훌륭한 지침서가 될 것입니다.

대청초등학교 이혜은 선생님

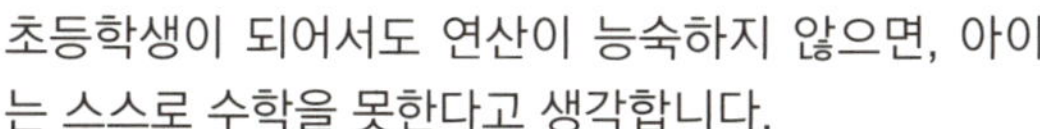

초등학생이 되어서도 연산이 능숙하지 않으면, 아이는 스스로 수학을 못한다고 생각합니다.
그런데 학교에서는 개념과 생각하는 문제 위주로 다루므로, 따로 연산을 연습할 시간은 부족합니다. 이 책은 초등학교 입학 전에 1학년 연산을 집중 훈련하여 빠른 시간에 기초 연산 실력을 높일 수 있는 최적의 교재입니다.

서울언남초등학교 김정미 선생님

이 책은 유아용 수학 교재처럼 너무 쉽거나, 초등 수학 교재처럼 너무 어렵지 않게, 예비 1학년 수준에 딱 맞는 그림과 문제로 구성되어 있네요!
예비 1학년이 초등 1학년에 나오는 연산의 개념을 쉽고 체계적으로 이해하고, 정확하게 계산하도록 도와주는 책입니다. 초등 입학 준비, 이제 이 책으로 제대로 시작해 보세요!

포곡초등학교 이진호 선생님

이 책은 계단을 하나씩 올라가듯 차근차근 원리를 깨우치면서 덧셈과 뺄셈의 기초를 익히도록 구성되어 있습니다. 덧셈과 뺄셈의 기초가 단단해야 1학년 수학이 두렵지 않습니다.
초등 수학을 재미있고 쉽게 준비하고 싶은 예비 1학년과, 초등 수학에 자신감을 갖고 싶은 1학년에게 추천합니다!

영도초등학교 안쥬리 선생님

아이 수준보다 너무 어려운 문제는 아이들이 수학에서 멀어지고 주눅 들게 합니다. 《바쁜 예비 1학년을 위한 빠른 연산법》은 초등 1학년 수학 익힘책에 나오는 연산의 쉬운 버전 문제로, 수학에 자신감을 키워 주는 기특한 책입니다.
초등학교 입학 전, 학교 수학을 준비하는 아이들에게 꼭 필요한 책으로 추천합니다!

연제초등학교 윤나경 선생님

1학년 수학 익힘책을 미리 푼 효과!

입학 전, 이 책이면 초등 수학 준비 끝!

**놀이 수학을
초등 수학으로
연결해 주세요!**

예비 초등학생들은 이미 부모님과 함께 수학 놀이를 했거나 학습지로 연산을 연습한 경우가 많습니다. 이제는 유아 수학에서 긴 시간 동안 배웠던 '수와 연산'을 총정리하고, 초등 1학년 수학의 '수와 연산'으로 연결하고 끌어올려야 할 시간입니다.

초등 1학년 수학은 '수와 연산' 영역인 덧셈과 뺄셈이 60% 이상을 차지합니다. 그런데 실제 초등학교 수업에서는 개념을 알려주는 데 집중하기 때문에, 따로 연산을 연습할 시간이 부족합니다. 그러나 연산의 '정확성과 속도'는 수학 '성적'을 올리는 데 꼭 필요합니다. 정해진 시간 안에 시험을 봐야 하니까요.

이 책은 초등 1학년 교과서 내용 중 연습이 많이 필요한 연산 부분을 쉬운 버전으로 연습하는 책입니다.

초등학교 수학 교과서는 '교과서'와 '수학 익힘책'으로 이루어져 있습니다. 이 책은 초등 1학년 수학 익힘책의 문제 유형을 쉬운 버전으로 배치했으므로, 이 책을 다 풀고 나면 1학년 수학 익힘책을 미리 푼 효과를 누릴 수 있습니다. 아이들이 초등학교 입학 후 수학에 주눅 들지 않고 자신감을 느끼게 해 주세요!

**수학의 뺄셈 나무를
머릿속에
심어 줍니다!**

'바빠 예비 1학년 연산법'은 1학년 수학 교과서에 나오는 연산 중 덧셈을 한 권으로, 뺄셈도 한 권으로 구성한 책입니다. 덧셈이든 뺄셈이든 한 연산만 모아 집중적으로 연습하면, 연산의 개념을 구슬을 꿰듯 하나로 엮어 체계화할 수 있습니다. 예를 들어 뺄셈 편이라면 초등 1학년 때 배우는 뺄셈을 한 자리로 불러 모아 정리하니, 그동안 유아 수학에서 배웠던 개념과 더해져, 굳건한 뺄셈 나무가 머릿속에 우뚝 자리 잡게 됩니다.

1학년 수학 교과서는 덧셈과 뺄셈을 교차하여 섞어 가르치지만, 이렇게 '바빠 연산법' 스타일로 덧셈과 뺄셈 나무를 머릿속에 뿌리내리고 나면, 교과서에서 배우는 덧셈과 뺄셈을 효율적으로 공부할 수 있습니다.

1학년 수학 교과서의 1학기와 2학기에 배우는 뺄셈 영역만 모아 체계적으로 머릿속에 정리해 줍니다.

부모님도 선생님처럼 설명하려면?

이 책은 초보 학부모님들을 위해 선생님처럼 설명하는 방법을 살짝 알려드립니다. 본문 상단에는 새로운 교육 과정에서 중요하게 생각하는 교과서의 포인트나 용어들이 나오거든요. "초등 수학, 어떻게 지도해야 할까?"라는 고민은 내려놓아도 됩니다. 도움글을 읽어 주면 되니까요.
또 하나 부모님께 부탁드릴 것은 아이가 연산 실수를 하더라도 마음을 편하게 먹고, 다그치지 마시라는 것입니다. 이 아이는 아직 예비 초등학생이니까요. 공부할 때 부모님이 무섭게 하면 아이들은 공부를 싫어하게 됩니다.

누구나 모르면 두렵고, 익숙하면 편하게 느낍니다. 학교라는 사회에 처음 발을 딛는 아이가 이 책을 통해 초등학교 1학년 수학을 미리 접해 보고 자신감을 느낀다면, 그것으로 충분합니다! 지금은 부모님이 '공부 편'보다는 '아이 편'이 되어 주세요.
그리고 가장 중요한 한 가지! 공부하는 시간이 좋은 기억이 되도록 격려와 칭찬을 아끼지 말아 주세요!

따라 풀며 익히는 연산 개념

따라 풀면서 쉽게 개념을 터득할 수 있어요!

개념을 바르게 이해하지 못한 채 생각 없이 문제만 풀기 시작하면 어느 순간 벽에 부딪힐 수 있어요. 아이가 스스로 개념을 보고 따라 풀 수 있는 습관을 가져야 기초를 건강하게 다질 수 있답니다.

꼭 외워야 하는 뺄셈은 빠독이와 함께 재밌게 기억해요!

책 곳곳에 아이들이 재밌게 공부할 수 있는 그림과 칭찬, 격려를 담았어요. 한 자리 수의 뺄셈은 손가락 셈을 하지 않아도 답이 바로 나오도록 외워 두는 게 좋답니다. 그림으로 뺄셈을 재밌게 외워요!

종합 선물 같은 훈련 문제

실력을 쌓아 주는
바빠의 '작은 발걸음' 방식!

뺄셈이 하나로 꿰어져 머릿속에 쌓이도록 구성해 학습 효율을 높였어요. 또한 조금씩 수준을 높여 도전하는 바빠의 '작은 발걸음 방식(small step)'으로 몰입도를 높였어요.

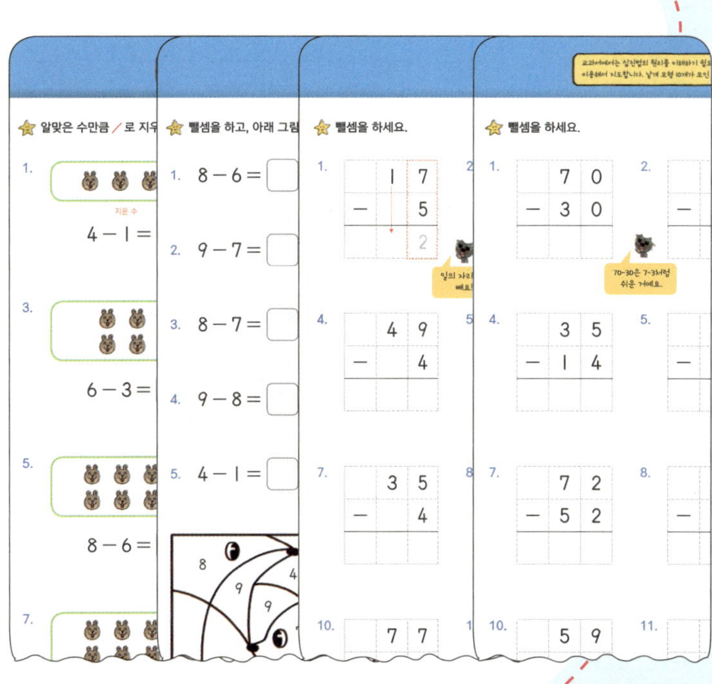

다채롭게 공부하고,
총정리로 마무리하니
자신감이 저절로!

단순 계산력 문제만 연습하고 끝나지 않아요. 수학 익힘책에 나오는 다양한 유형을 미리 연습하고, 한 마당이 끝날 때 마다 섞어서 연습하고, 게임처럼 즐겁게 마무리하는 총정리까지!

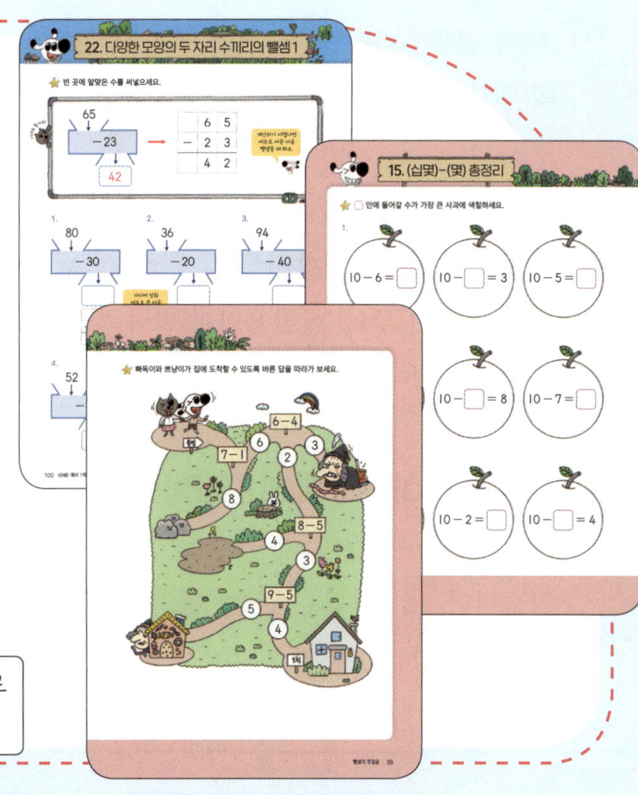

바빠 예비 1학년 연산법, 이렇게 활용하세요!

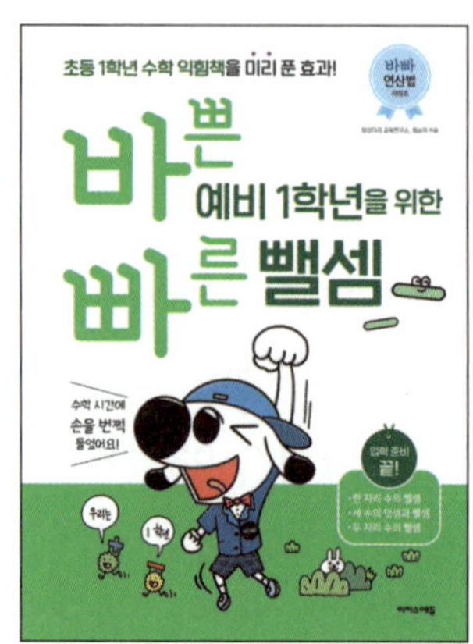

'바빠 예비 1학년 연산법'은 초등 1학년 '수학 익힘책' 교과서에 나온 문제 유형 중 쉬운 문제부터 풀도록 체계적으로 배치해, 1학년 수학을 쉬운 버전으로 연습하는 책입니다. 각 책은 총 24단계, 각 단계마다 10~20분 내외로 풀도록 구성되어 있습니다. 초등 입학을 준비하는 7살 친구부터 연산의 기초를 다지고 싶은 1학년 친구에게 추천합니다.

⭐ 초등 1학년 수학을 준비하고 싶은 7살 친구라면?

'바빠 연산법'의 '덧셈→뺄셈' 순서로 공부하세요. 1학년 수학 교과서의 덧셈과 뺄셈 영역만 각각 한 권에 담아, 초등 1학년 연산은 문제없이 준비할 수 있습니다!

⭐ 연산의 기초를 다지고 싶은 1학년 친구라면?

기초가 부족한 1학년 친구도 '덧셈→뺄셈' 순서로 공부하세요. 초등 1학년 수학의 '모으기와 가르기'부터 '받아올림과 받아내림이 없는 두 자리 수의 계산'까지 연산의 기초를 튼튼히 다질 수 있습니다.

⭐ 덧셈은 잘하는데 뺄셈이 어려운 친구라면?

초등 수학 예습을 많이 한 7~8살 친구 중 덧셈은 잘하지만 뺄셈은 어려워하는 경우가 있습니다. 이럴 때는 뺄셈만 골라 집중 연습해 보세요. 이 책을 풀고 나면 초등 수학에 자신감을 갖는 아이가 될 것입니다.

우리 아이는 어떻게 공부해야 좋을까요?

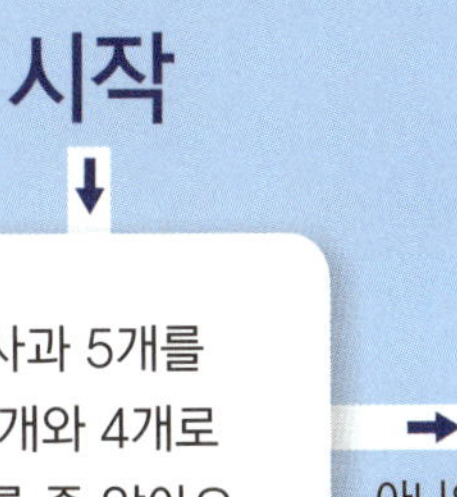

시작

사과 5개를
1개와 4개로
가를 줄 알아요.

아니요 →

아직 이 책을 보기는 힘들 거예요.
수학 놀이와 더불어 모으기와
가르기를 더 연습한 후,
이 책을 보세요.
(참고 도서: 우리집은 수학 창의력 놀이터)

예 ↓

손가락을
이용해서라도
한 자리 수 뺄셈을
할 수 있어요.

아니요 →

수직선을 이용해서
놀이하듯 공부하는
'7살 첫 수학'을 먼저
풀고 다시 도전해요.

예 ↓

한 자리 수 뺄셈은
바로 바로 답을
말할 수 있어요.

아니요 →

하루 한 과씩
24일 진도로
차근차근 공부하세요!

→

초등학교 1학년 연산
준비됐나요?
112쪽 '최종 점검
문제'로 확인해 보세요.

예 →

15일 진도로
풀어도
괜찮겠어요!

틀린 개수가 6개 이상이면, 한 번 더 푸는 것을 권장합니다.

15일 진도

난도가·높은 9~14단계는 하루에 한 단계씩
풀고, 나머지는 하루에 두 단계씩 푸세요.
그럼 15일만에 이 책을 끝낼 수 있어요.

24일 진도

하루에 한 단계씩 공부하세요!
24일이면 이 책을 끝낼 수 있어요.

바쁜 예비 1학년을 위한 빠른 뺄셈

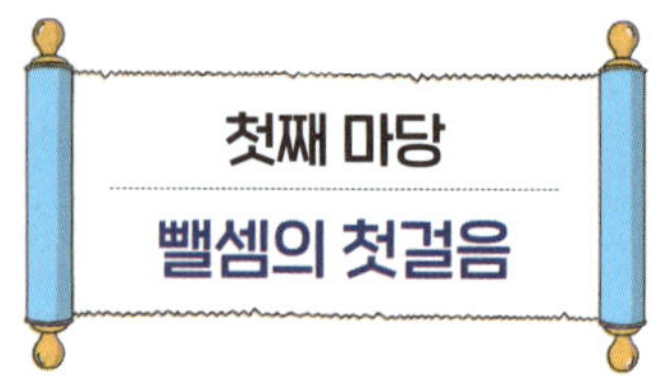

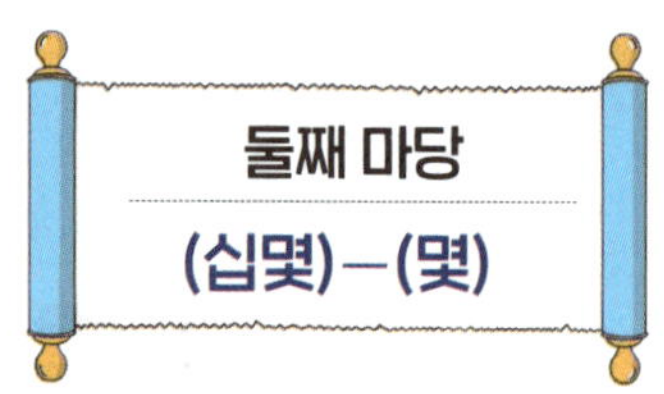

첫째 마당

뺄셈의 첫걸음

첫째 마당에서는 뺄셈의 가장 기초인 한 자리 수의 뺄셈을 연습한 다음, 세 수의 덧셈과 뺄셈을 배워요. 자, 그럼 뺄셈의 첫걸음을 힘차게 시작해 볼까요?

	공부할 내용!	공부한 날짜	
1	그림으로 뺄셈을 알아봐요	월	일
2	한 자리 수의 뺄셈	월	일
3	0이 있는 뺄셈은 '누워서 떡 먹기'	월	일
4	한 자리 수의 뺄셈 한 번 더!	월	일
5	세 수의 덧셈과 뺄셈은 앞에서부터 차근차근!	월	일
6	덧셈과 뺄셈이 같이 있으면 앞에서부터 계산!	월	일
7	뺄셈의 첫걸음 총정리	월	일

⭐ 그림을 보고 뺄셈식을 쓰고 읽어 보세요.

● 뺄셈식 쓰고 읽기 1

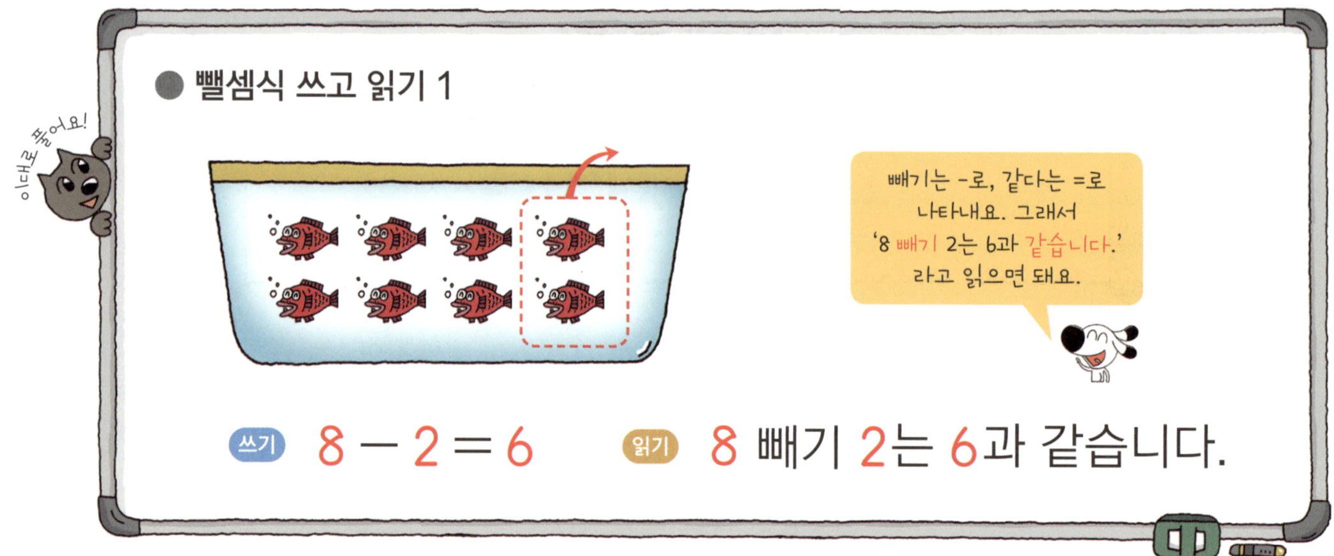

쓰기　$8 - 2 = 6$　　읽기　8 빼기 2는 6과 같습니다.

1.

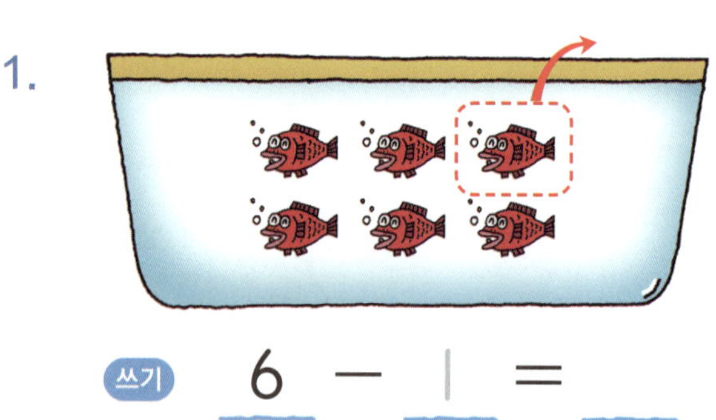

쓰기　$6 - 1 = $ ___

읽기　6 빼기 ___ 은 ___ 와 같습니다.

2.

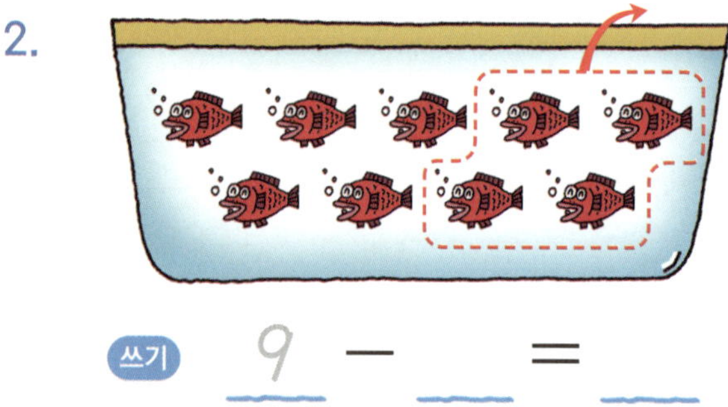

쓰기　$9 - $ ___ $ = $ ___

읽기　9 빼기 4는 5와 같습니다.

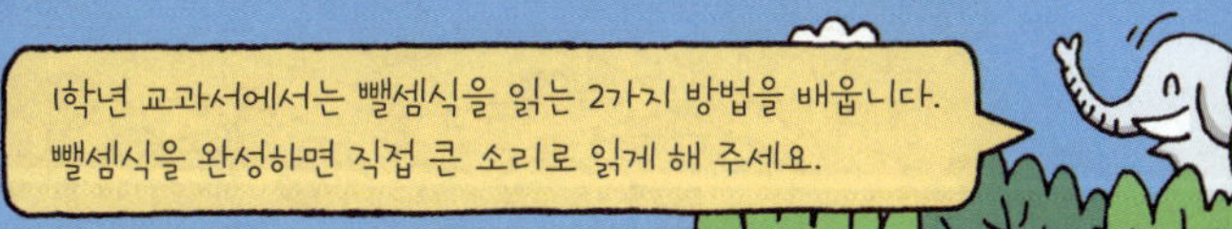

⭐ 그림을 보고 뺄셈식을 쓰고 읽어 보세요.

● 뺄셈식 쓰고 읽기 2

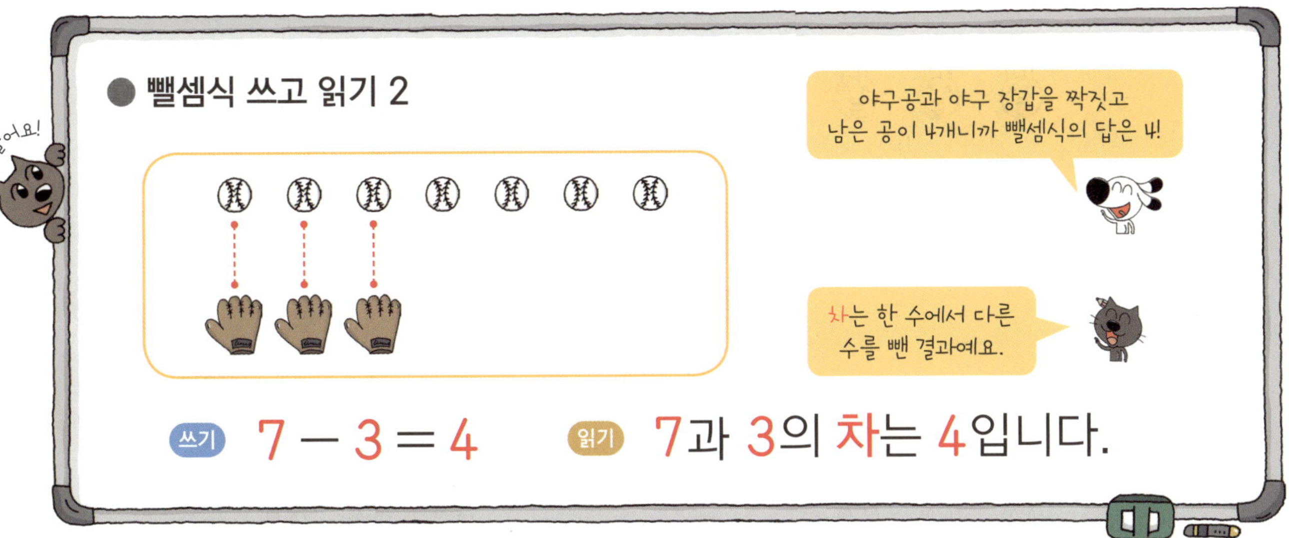

쓰기 $7 - 3 = 4$　　**읽기** 7과 3의 차는 4입니다.

1.

쓰기 $8 - 3 = \underline{}$

읽기 8 과 ___ 의 차는 ___ 입니다.

2.

쓰기 ___ − ___ = ___

읽기 9와 6의 차는 3입니다.

⭐ 그림을 보고 뺄셈식을 완성하세요.

1.

지운 수   남은 수

$5 - \boxed{1} = \boxed{4}$

2.

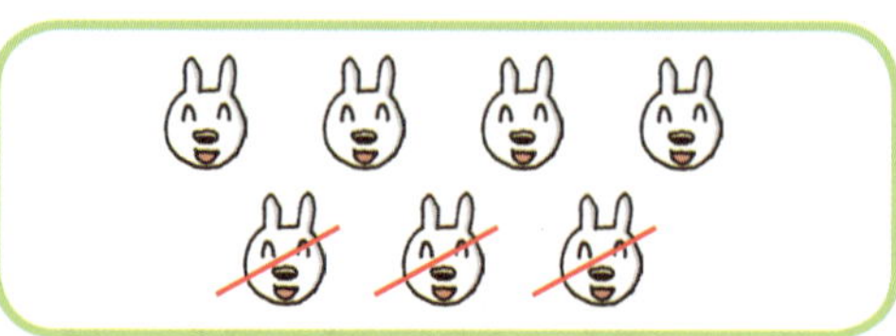

지운 수   남은 수

$7 - \boxed{3} = \boxed{}$

3.

$6 - \boxed{} = \boxed{}$

4.

$8 - \boxed{} = \boxed{}$

5.

$7 - \boxed{} = \boxed{}$

6.

$9 - \boxed{} = \boxed{}$

7.

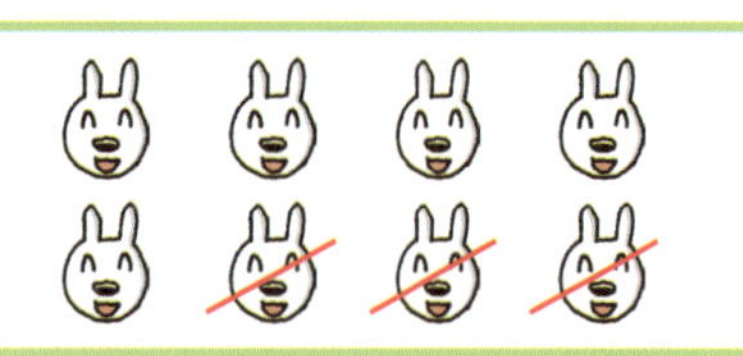

$\boxed{} - \boxed{} = \boxed{}$

8.

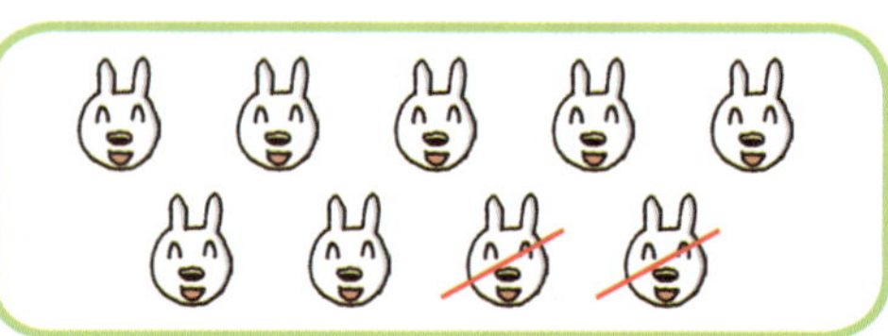

$\boxed{} - \boxed{} = \boxed{}$

⭐ **알맞은 수만큼 / 로 지우고 뺄셈을 하세요.**

1.

지운 수　　남은 수

$4 - 1 = \boxed{}$

2.

지운 수　　남은 수

$5 - 2 = \boxed{}$

3.

$6 - 3 = \boxed{}$

4.

$7 - 4 = \boxed{}$

5.

$8 - 6 = \boxed{}$

6.

$9 - 1 = \boxed{}$

7.

$8 - 4 = \boxed{}$

8.

$9 - 3 = \boxed{}$

⭐ 뺄셈을 하세요.

● 가르기를 이용하여 뺄셈하기

9

2 7

$9 - 2 = 7$

$9 - 7 = 2$

1.

6

4 2

$6 - 4 = \square$

$6 - 2 = \square$

2.

7

2 5

$7 - 2 = \square$

$7 - 5 = \square$

3.

8

3 5

$8 - 3 = \square$

$8 - 5 = \square$

4.

8

6 2

$8 - 6 = \square$

$8 - 2 = \square$

5.

9

5 4

$9 - 5 = \square$

$9 - 4 = \square$

6.

9

3 6

$9 - 3 = \square$

$9 - 6 = \square$

⭐ 뺄셈을 하세요.

1. $9 - 1 = \boxed{8}$

2. $8 - 1 = \boxed{}$

3. $7 - 1 = \boxed{}$

4. $6 - 1 = \boxed{}$

5. $5 - 1 = \boxed{}$

6. $4 - 1 = \boxed{}$

7. $3 - 1 = \boxed{}$

8. $2 - 1 = \boxed{}$

9. $9 - 2 = \boxed{}$

10. $4 - 2 = \boxed{}$

11. $6 - 2 = \boxed{}$

12. $5 - 2 = \boxed{}$

13. $7 - 2 = \boxed{}$

14. $8 - 2 = \boxed{}$

⭐ 뺄셈을 하세요.

1. $9 - 3 =$ ☐

2. $7 - 3 =$ ☐

3. $6 - 3 =$ ☐

4. $4 - 3 =$ ☐

5. $5 - 3 =$ ☐

6. $9 - 4 =$ ☐

7. $8 - 4 =$ ☐

8. $6 - 4 =$ ☐

9. $7 - 4 =$ ☐

10. $5 - 4 =$ ☐

11. $9 - 5 =$ ☐

12. $8 - 5 =$ ☐

13. $7 - 5 =$ ☐

14. $6 - 5 =$ ☐

15. $9 - 6 =$ ☐

16. $7 - 6 =$ ☐

⭐ 뺄셈을 하고, 아래 그림에서 답을 모두 찾아 색칠하세요.

1. $8 - 6 =$ ☐

2. $9 - 7 =$ ☐

3. $8 - 7 =$ ☐

4. $9 - 8 =$ ☐

5. $4 - 1 =$ ☐

6. $8 - 2 =$ ☐

7. $3 - 1 =$ ☐

8. $7 - 2 =$ ☐

9. $6 - 1 =$ ☐

10. $9 - 2 =$ ☐

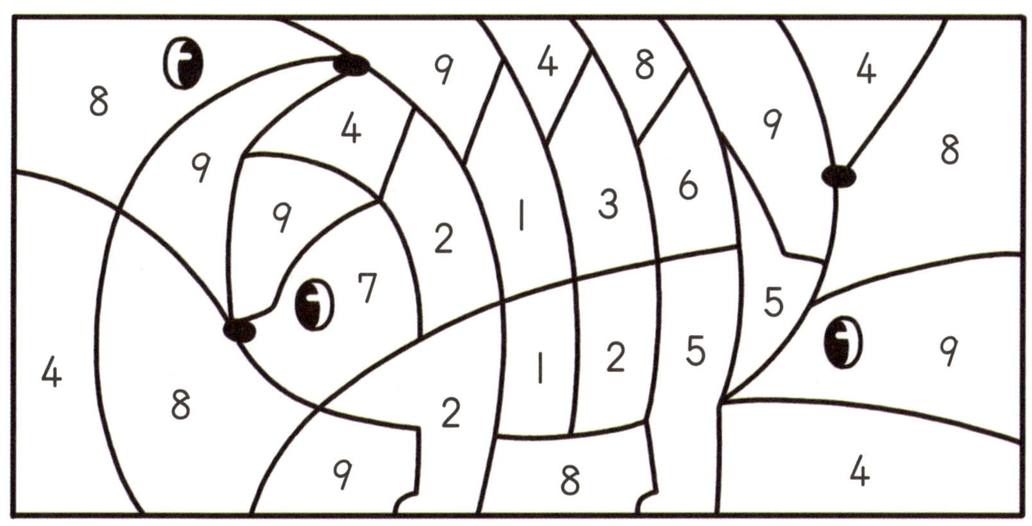

 뺄셈을 하세요.

● (어떤 수)−(어떤 수)=0

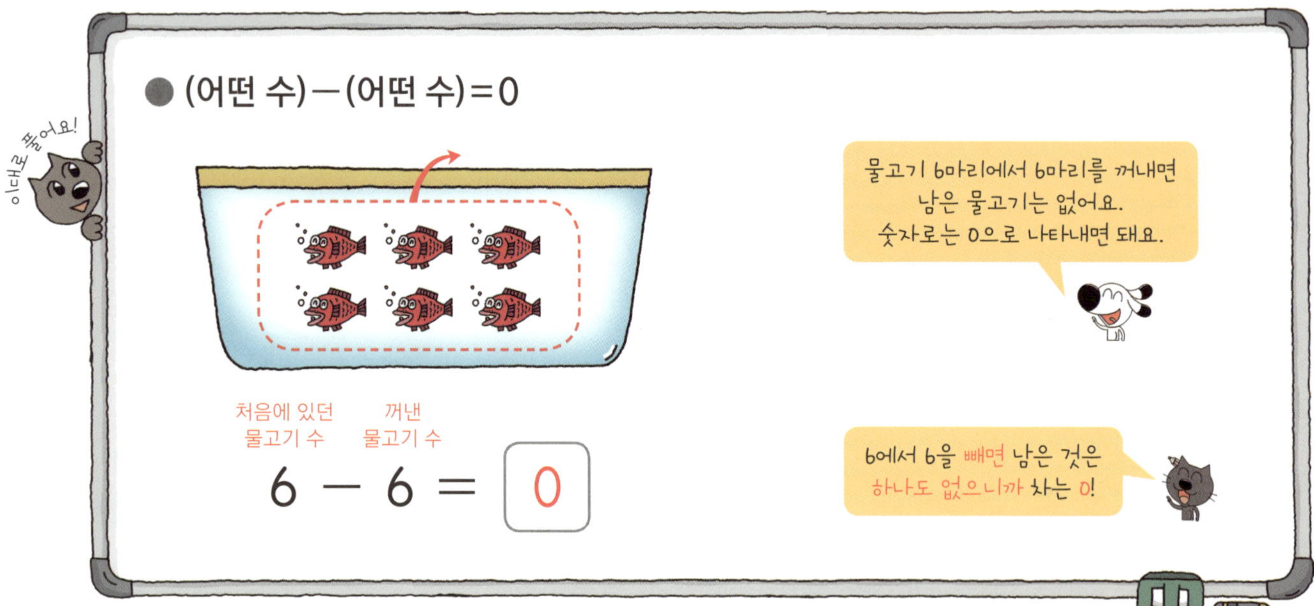

1. $2 - 2 = \square$

2. $4 - 4 = \square$

3. $7 - 7 = \square$

4. $9 - 9 = \square$

● (어떤 수)−0=(어떤 수)

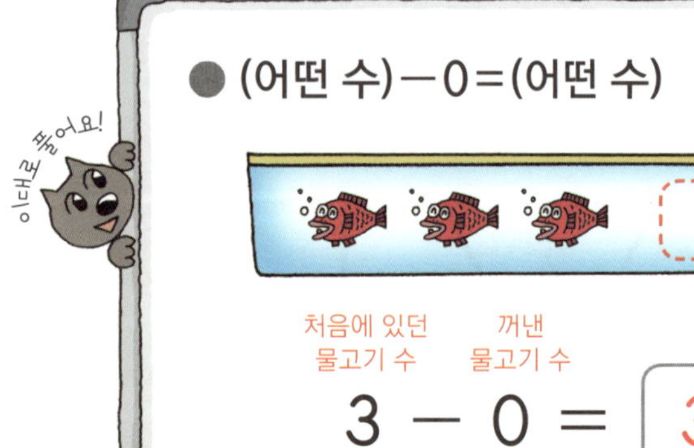

5. $1 - 0 = \square$

6. $2 - 0 = \square$

7. $5 - 0 = \square$

8. $8 - 0 = \square$

⭐ 뺄셈을 하세요.

1. $1 - 1 = \boxed{}$

2. $3 - 3 = \boxed{}$

3. $7 - 7 = \boxed{}$

4. $5 - 5 = \boxed{}$

5. $6 - 6 = \boxed{}$

6. $8 - 8 = \boxed{}$

7. $3 - 0 = \boxed{}$

8. $2 - 0 = \boxed{}$

9. $7 - 0 = \boxed{}$

10. $4 - 0 = \boxed{}$

11. $5 - 0 = \boxed{}$

12. $9 - 0 = \boxed{}$

⭐ **뺄셈을 하세요.**

1. $4 - 4 = \square$

2. $1 - 0 = \square$

3. $7 - 0 = \square$

4. $5 - 5 = \square$

5. $6 - 0 = \square$

6. $9 - 9 = \square$

7. $3 - 3 = \square$

8. $9 - 0 = \square$

9. $2 - 2 = \square$

10. $8 - 8 = \square$

11. $5 - 0 = \square$

12. $6 - 6 = \square$

⭐ 뺄셈을 하고, 아래 그림에서 답을 모두 찾아 색칠하세요.

1. $8 - 0 =$ ☐

2. $1 - 1 =$ ☐

3. $9 - 8 =$ ☐

4. $3 - 0 =$ ☐

5. $5 - 5 =$ ☐

6. $7 - 7 =$ ☐

7. $6 - 0 =$ ☐

8. $2 - 1 =$ ☐

9. $8 - 5 =$ ☐

10. $4 - 0 =$ ☐

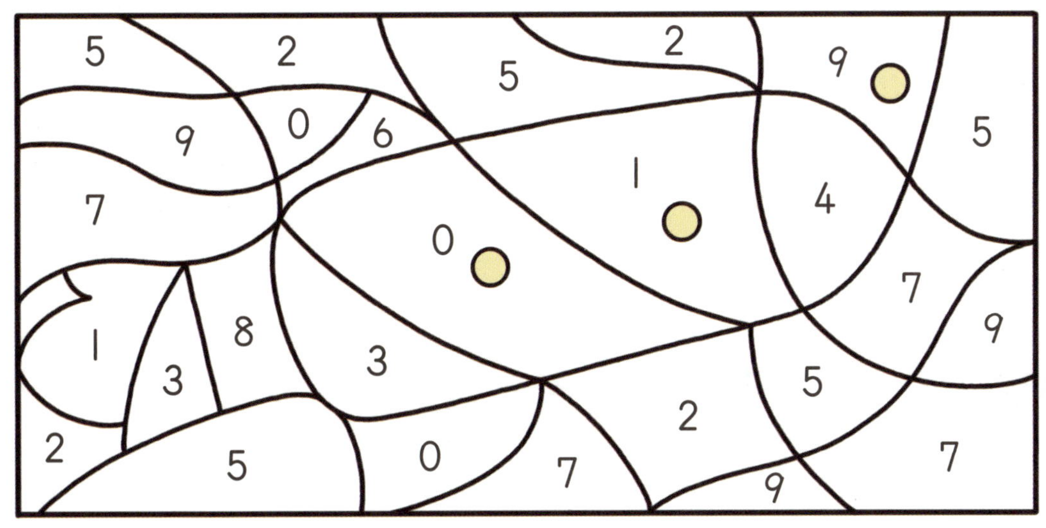

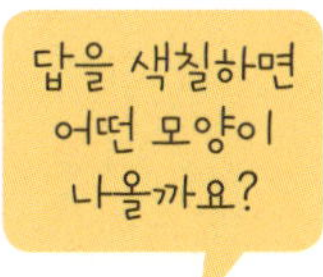

4. 한 자리 수의 뺄셈 한 번 더!

⭐ 빈칸에 알맞은 수를 써넣으세요.

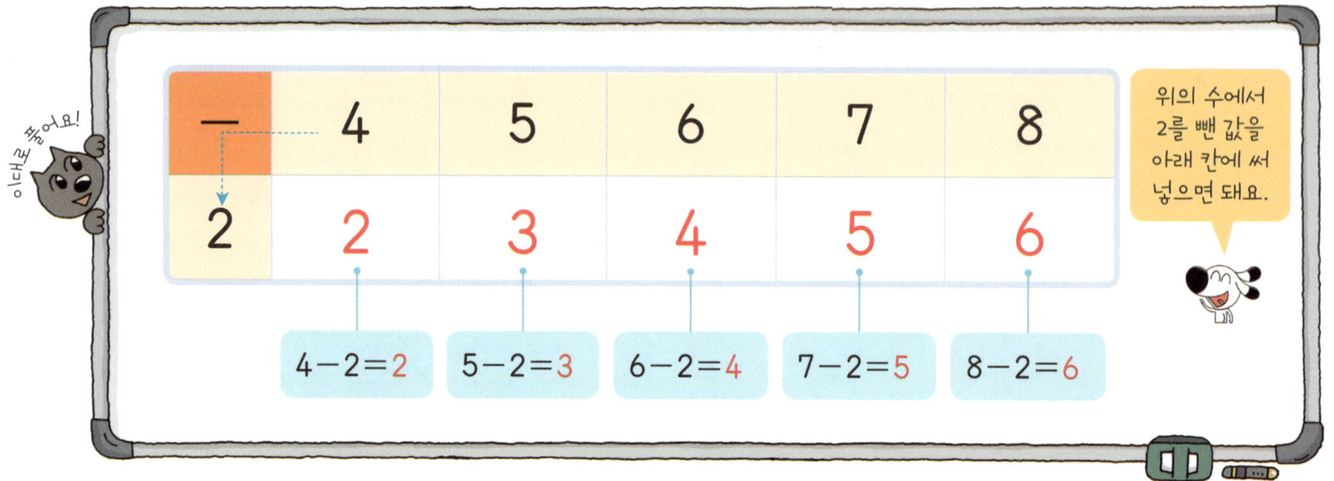

−	4	5	6	7	8
2	2	3	4	5	6

4−2=2   5−2=3   6−2=4   7−2=5   8−2=6

1.

−	5	8	6	9	2	7
1	5−1					6

2.

−	3	2	9	6	8	7
2	3−2					5

3.

−	5	7	8	4	9	6
3	5−3					3

⭐ 빈칸에 알맞은 수를 써넣으세요.

1.

−	4	6	8
1	4−1		

2.

−	5	7	9
2	5−2		

3.

−	7	8	9
3	7−3		

4.

−	9	8	7
4	9−4		

5.

−	6	8	9
5			

6.

−	8	9	7
6			

⭐ 빈칸에 알맞은 수를 써넣으세요.

1.

−	4
1	4 − 1
2	
3	

2.

−	5
5	
4	
3	

3.

−	6
2	
3	
4	

4.

−	7
0	
2	
5	

5.

−	8
6	
4	
1	

6.

−	9
2	
4	
8	

⭐ 빈칸에 알맞은 수를 써넣으세요.

1.

−	6
1	
5	
6	

2.

−	7
3	
5	
7	

3.

−	8
8	
0	
2	

4.

−	8
3	
5	
7	

5.

−	9
4	
6	
9	

6.

−	9
7	
1	
5	

⭐ 세 수의 덧셈을 하세요.

● 세 수의 덧셈

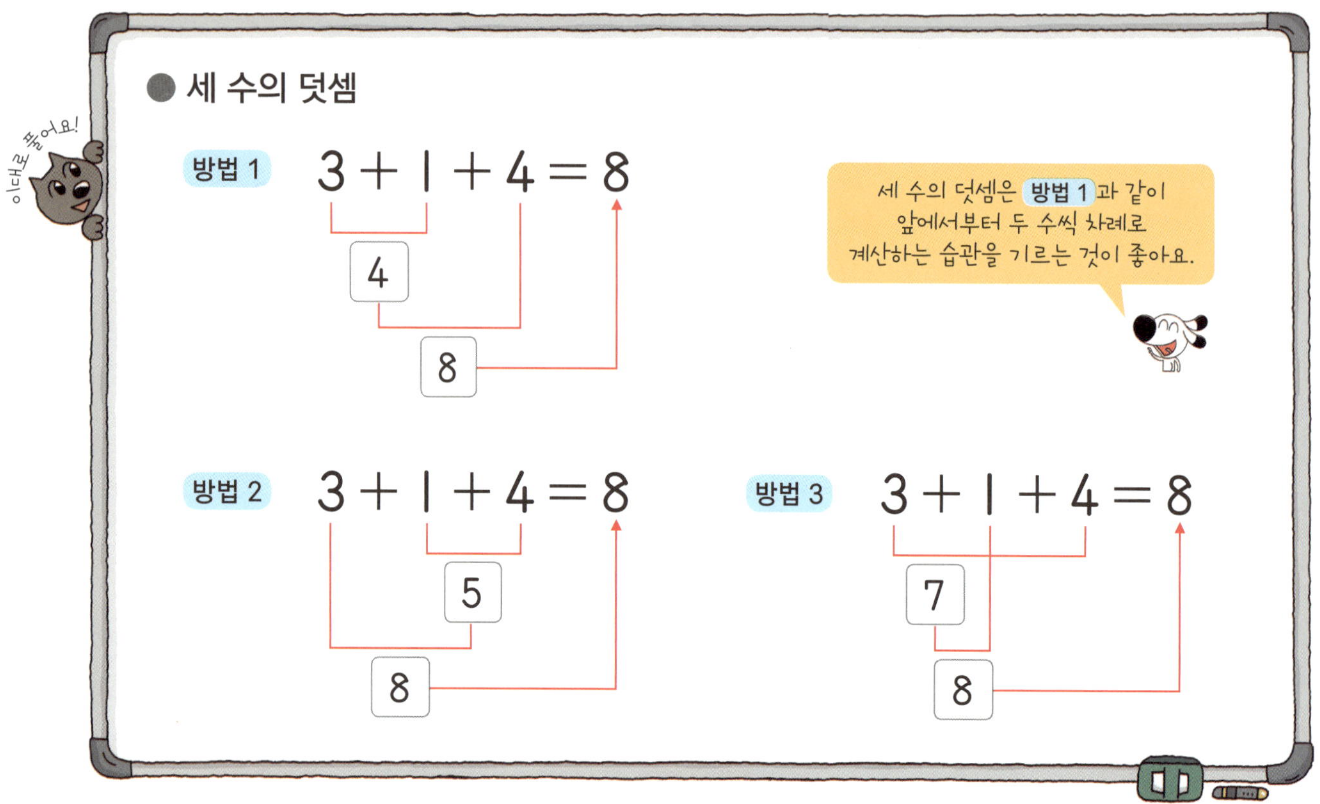

방법 1 $3 + 1 + 4 = 8$

4
8

방법 2 $3 + 1 + 4 = 8$

5
8

방법 3 $3 + 1 + 4 = 8$

7
8

1. $1 + 2 + 5 = \square$

3
8

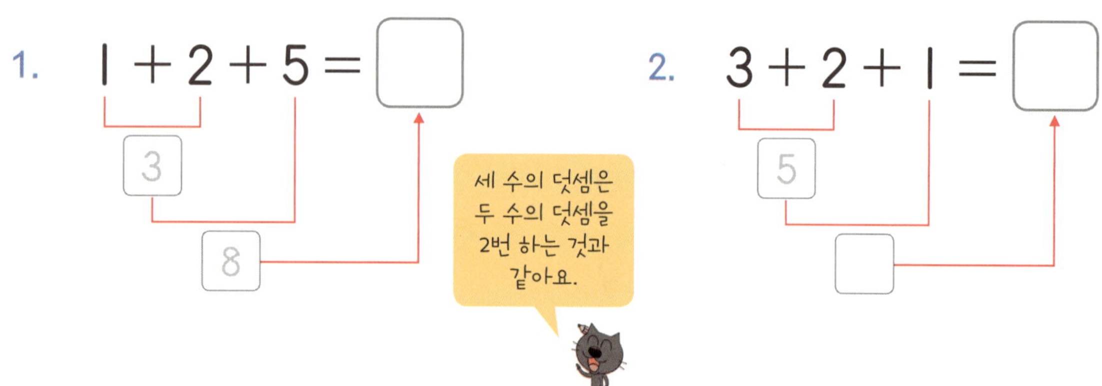

2. $3 + 2 + 1 = \square$

5

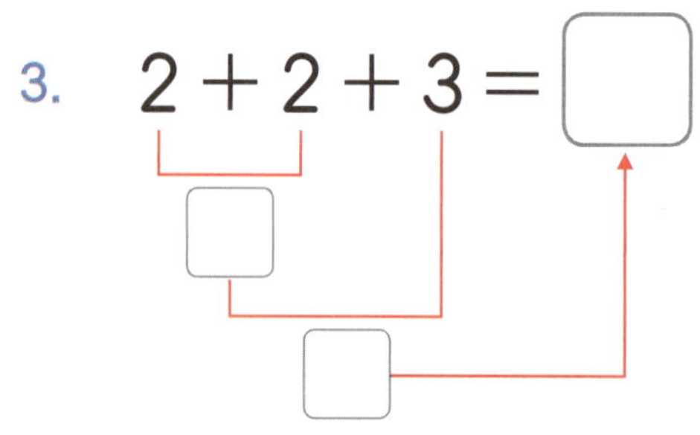

3. $2 + 2 + 3 = \square$

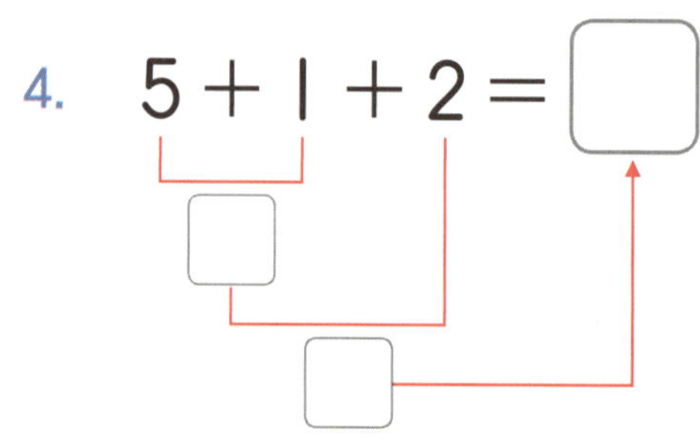

4. $5 + 1 + 2 = \square$

⭐ 세 수의 덧셈을 하세요.

1. $2 + 3 + 1 =$ ☐

2. $4 + 1 + 3 =$ ☐

3. $1 + 6 + 2 =$ ☐

4. $2 + 2 + 2 =$ ☐

5. $3 + 1 + 3 =$ ☐

6. $3 + 3 + 3 =$ ☐

7. $2 + 4 + 3 =$ ☐

8. $5 + 2 + 2 =$ ☐

9. $1 + 2 + 6 =$ ☐

10. $3 + 2 + 4 =$ ☐

⭐ 세 수의 뺄셈을 하세요.

1. $4 - 1 - 2 = \square$

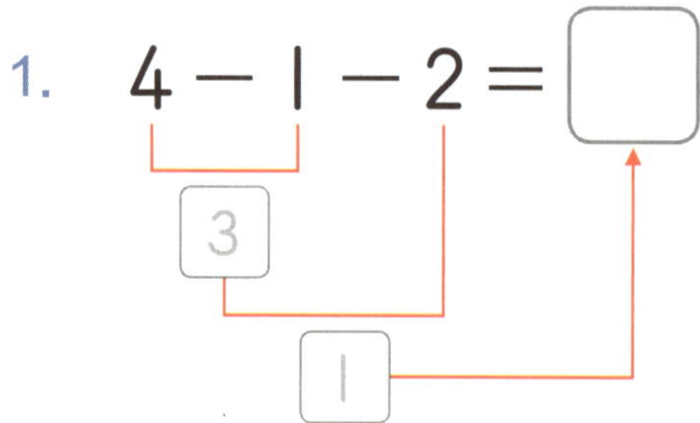

2. $6 - 2 - 2 = \square$

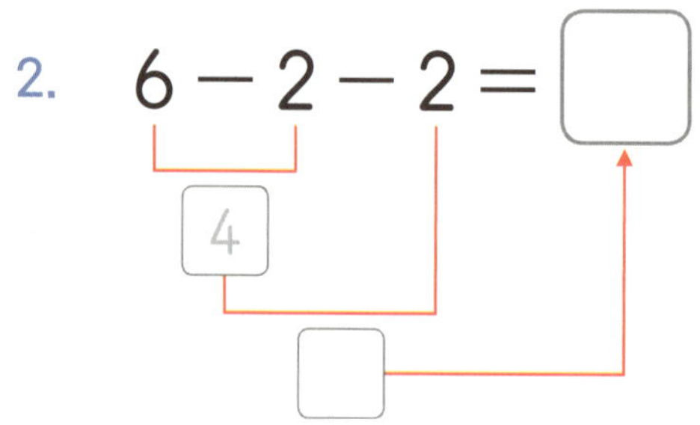

3. $7 - 4 - 1 = \square$

4. $8 - 3 - 2 = \square$

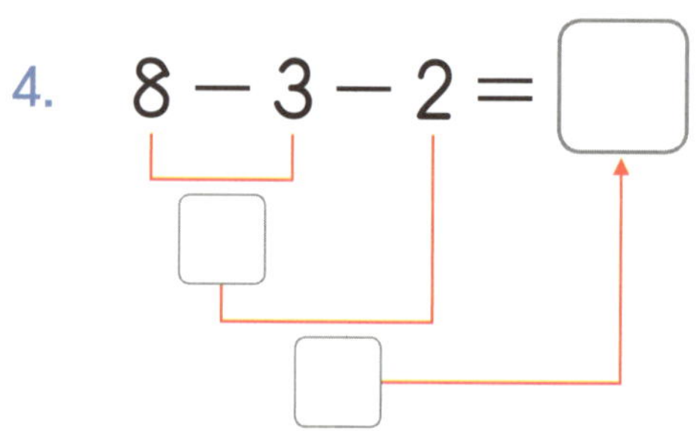

5. $9 - 5 - 3 = \square$

6. $9 - 1 - 4 = \square$

⭐ 세 수의 뺄셈을 하세요.

1. $6 - 3 - 3 = \boxed{}$

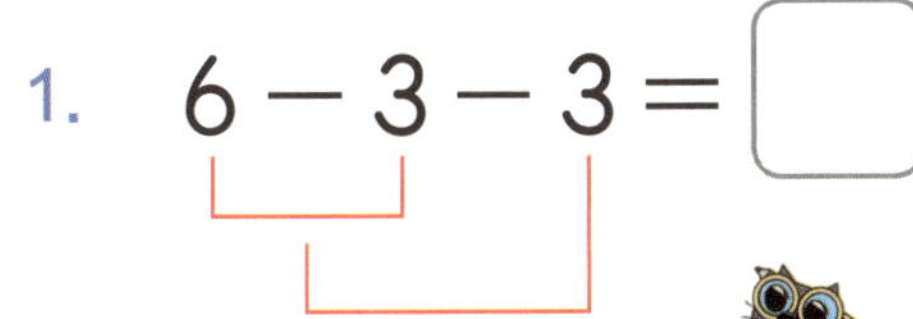

2. $7 - 1 - 3 = \boxed{}$

3. $8 - 1 - 6 = \boxed{}$

4. $9 - 5 - 2 = \boxed{}$

5. $5 - 2 - 1 = \boxed{}$

6. $6 - 1 - 4 = \boxed{}$

7. $7 - 2 - 3 = \boxed{}$

8. $8 - 4 - 2 = \boxed{}$

9. $8 - 5 - 3 = \boxed{}$

10. $9 - 3 - 4 = \boxed{}$

⭐ 세 수의 계산을 하세요.

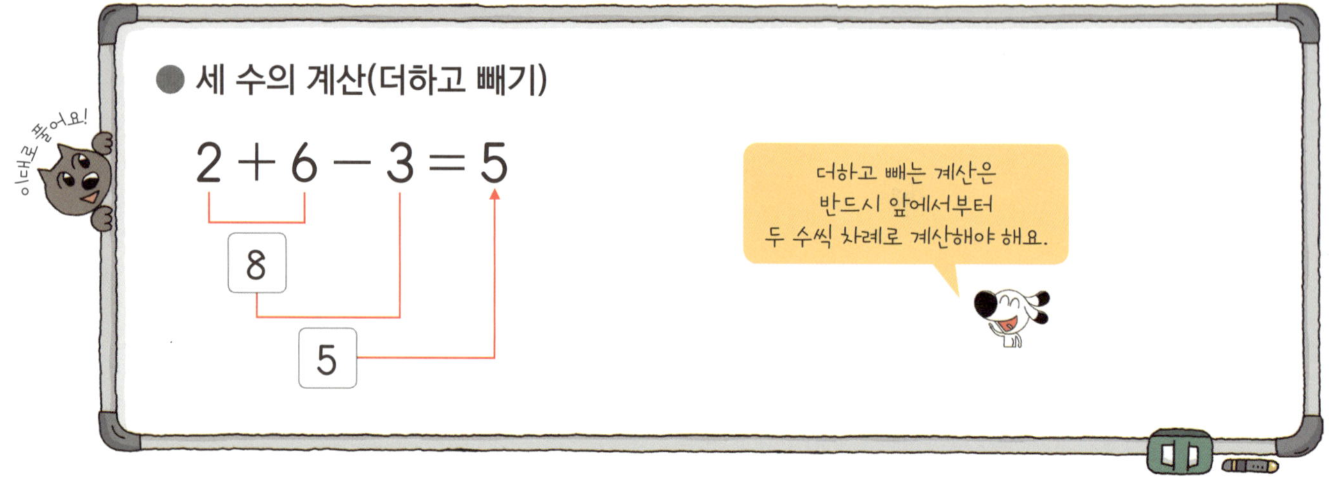

1. $4 + 1 - 2 = \boxed{}$

5

3

2. $3 + 3 - 2 = \boxed{}$

6

3. $1 + 7 - 5 = \boxed{}$

4. $7 + 2 - 3 = \boxed{}$

5. $2 + 4 - 3 = \boxed{}$

6. $1 + 8 - 6 = \boxed{}$

⭐ 세 수의 계산을 하세요.

1. $2 + 5 - 3 = \boxed{}$

2. $4 + 3 - 2 = \boxed{}$

3. $7 + 1 - 4 = \boxed{}$

4. $3 + 6 - 5 = \boxed{}$

5. $1 + 6 - 3 = \boxed{}$

6. $6 + 2 - 4 = \boxed{}$

7. $4 + 4 - 5 = \boxed{}$

8. $5 + 4 - 2 = \boxed{}$

9. $5 + 3 - 2 = \boxed{}$

10. $2 + 7 - 6 = \boxed{}$

⭐ 세 수의 계산을 하세요.

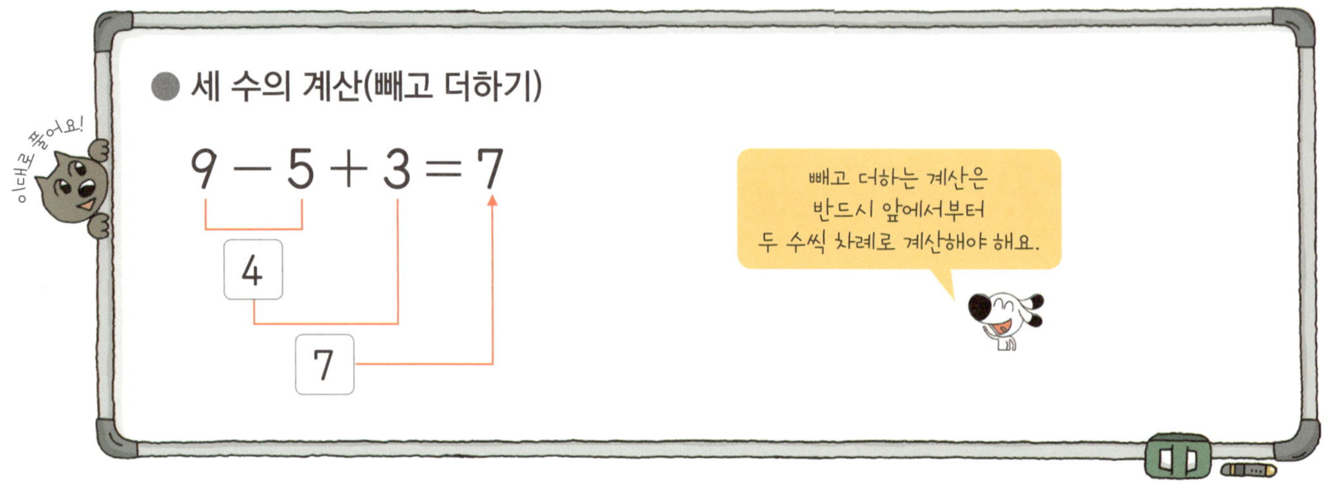

1. 3 − 1 + 5 =
2
7

2. 5 − 1 + 3 =
4

3. 6 − 2 + 1 =

4. 7 − 4 + 5 =

5. 8 − 4 + 2 =

6. 9 − 7 + 6 =

1. $6 - 1 + 4 =$ ☐

2. $7 - 5 + 6 =$ ☐

3. $8 - 7 + 6 =$ ☐

4. $9 - 6 + 3 =$ ☐

5. $4 - 2 + 7 =$ ☐

6. $5 - 3 + 4 =$ ☐

7. $6 - 3 + 5 =$ ☐

8. $8 - 6 + 3 =$ ☐

9. $7 - 1 + 2 =$ ☐

10. $9 - 8 + 5 =$ ☐

7. 뺄셈의 첫걸음 총정리

 뺄셈을 하세요.

1. $6 - 3 = \boxed{}$

2. $7 - 5 = \boxed{}$

3. $9 - 6 = \boxed{}$

4. $8 - 4 = \boxed{}$

5. $9 - 2 = \boxed{}$

6. $5 - 2 = \boxed{}$

7. $6 - 2 = \boxed{}$

8. $4 - 1 = \boxed{}$

9. $7 - 3 = \boxed{}$

10. $8 - 6 = \boxed{}$

11. $9 - 5 = \boxed{}$

12. $8 - 3 = \boxed{}$

⭐ 차가 ◯ 안의 수가 되도록 두 수를 이으세요.

1.

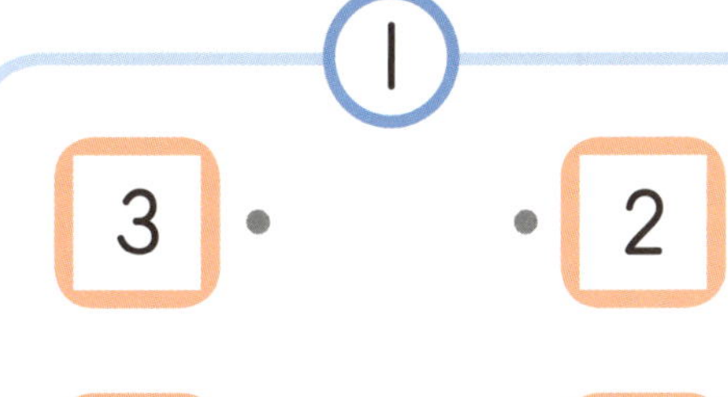

(1)

3 •   • 2

7 •   • 6

2.

(2)

6 •   • 7

9 •   • 4

3.

(3)

8 •   • 6

9 •   • 5

4.

(4)

7 •   • 3

8 •   • 4

5.

(5)

6 •   • 3

8 •   • 1

6.

(6)

9 •   • 1

7 •   • 3

$8 - 2 = \square$ — 태

$7 - 3 = \square$ — 모

$9 - 4 = \square$ — 아

$8 - 5 = \square$ — 끌

$7 - 5 = \square$ — 티

$9 - 2 = \square$ — 산

2	3	4	5	6	7
티					

빠독이와 쁘냥이가 집에 도착할 수 있도록 바른 답을 따라가 보세요.

출발
6 － 4
7 － 1
6
2
3
8
8 － 5
4
3
9 － 5
5
4
도착

수학을 공부하는 이유는 사고력을 키우기 위해서입니다.

교과서에서도 '생각하는 방법'이 더 중요해집니다. 사고력을 키우려면 부모님의 '기다림'이 중요합니다. 문제를 틀리더라도 답을 바로 알려주지 마십시오. "괜찮다."고 격려하신 후, "어떻게 이 답이 나온 걸까?"하고 물어봐 주세요. 그래도 답을 못하면 구체적인 물건을 주고 생각하는 것을 도와주세요.

(자꾸 틀리는 문제가 있을 때)

부모: 이 문제가 많이 어려웠구나. 어떻게 생각해서 이 답이 나온 걸까? (대답을 기다림)

민섭: 잘 모르겠어요.

부모: 사탕으로 헤아려 보면 어떨까?

초콜릿이나 콩, 밥 그릇부터 10개씩 묶음을 확인할 수 있는 계란판 등 집안의 모든 물건을 구체물로 활용해 보세요. 정확하게 풀 줄 알게 되면 속도를 높이기 위해 말놀이를 여러 번 반복해 외우게 해도 좋습니다.

부모: 구 빼기 칠은?

민섭: 이!

부모: 딩동댕~

둘째 마당

(십몇) − (몇)

둘째 마당에서는 받아내림의 기초가 되는 뺄셈을 배워요. 이번 마당은
계산 속도를 높이는 것보다 계산 원리를 잘 익히는 게 더 중요하니 차
근차근 풀어 보세요!

공부할 내용!

공부한 날짜

	공부할 내용	공부한 날짜
8	합이 10인 짝꿍 수를 외우면 쉬워요	월 일
9	뒤의 수를 갈라서 쉽게 10에서 빼요	월 일
10	앞의 수를 갈라서 쉽게 10에서 빼요	월 일
11	어려운 (십몇)−(몇)은 외우자~	월 일
12	(십몇)−(몇) 한 번 더!	월 일
13	(십몇)−(몇)을 다양한 모양으로 연습해요	월 일
14	세 수의 덧셈과 뺄셈	월 일
15	(십몇)−(몇) 총정리	월 일

⭐ 그림을 보고 뺄셈식을 완성하세요.

1.

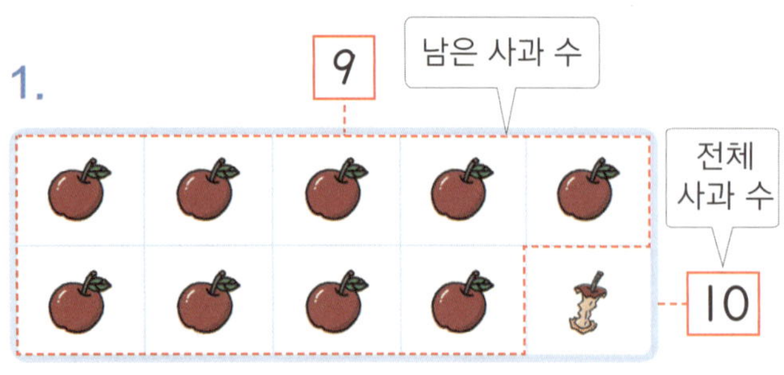

먹은 🍎 수   남은 🍎 수

$10 - 1 = 9$

2.

먹은 🍎 수   남은 🍎 수

$10 - 3 = \boxed{}$

3.

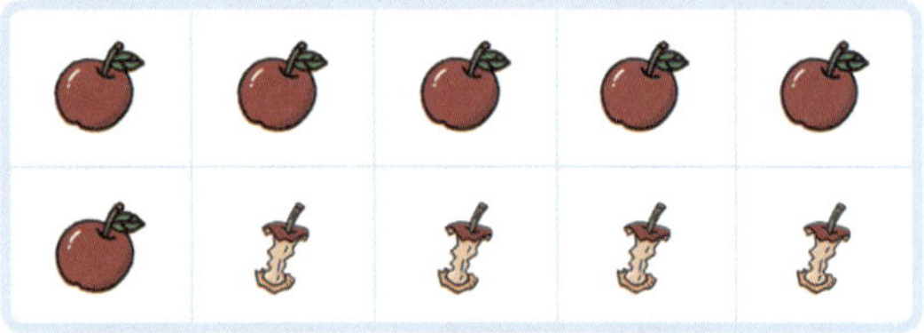

$10 - 4 = \boxed{}$

4.

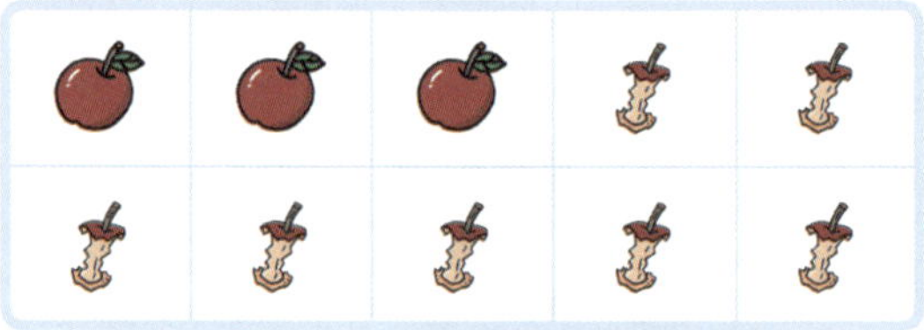

$10 - 7 = \boxed{}$

5.

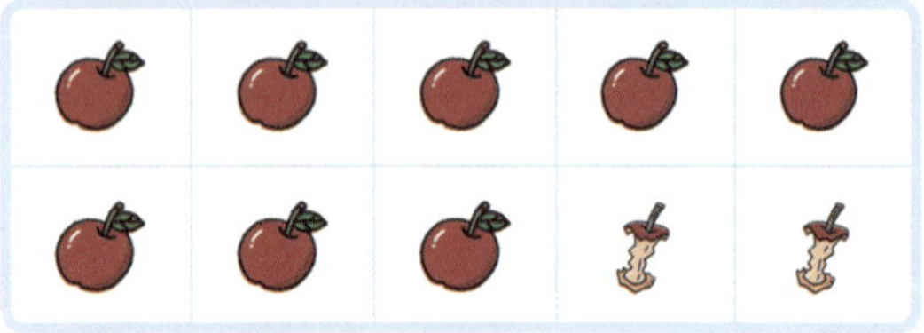

$10 - 2 = \boxed{}$

6.

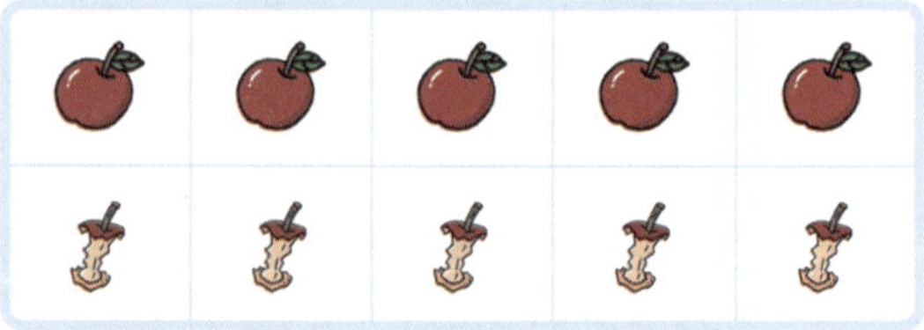

$10 - 5 = \boxed{}$

7.

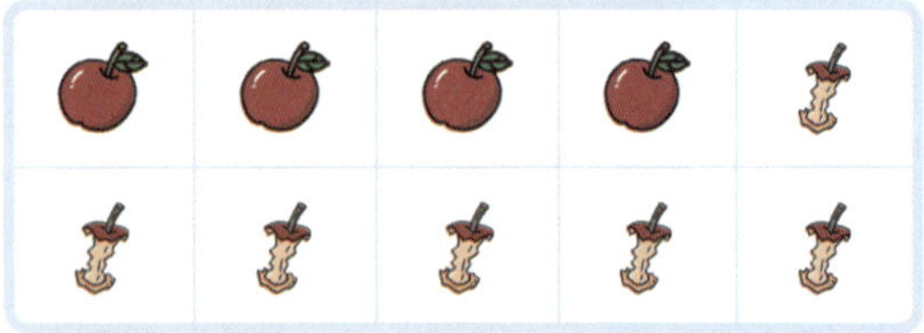

$10 - 6 = \boxed{}$

8.

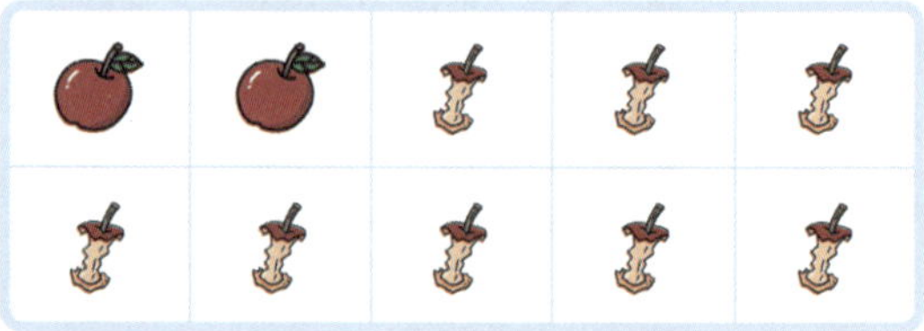

$10 - 8 = \boxed{}$

☆ 그림을 보고 뺄셈식을 완성하세요.

1.

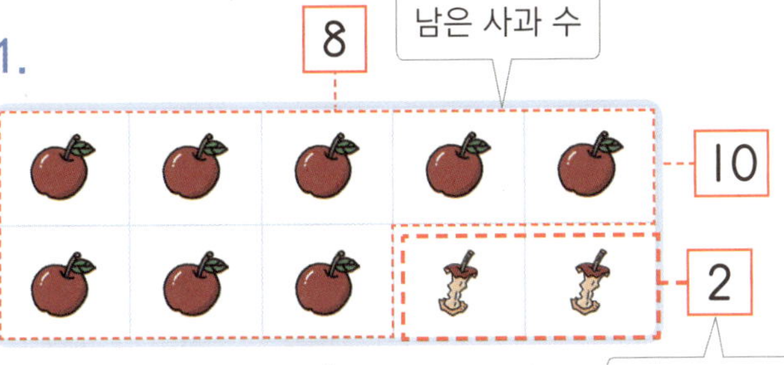

8   남은 사과 수   10   2

먹은 🍎 수   남은 🍎 수   먹은 사과 수

$$10 - \boxed{2} = \boxed{}$$

2.

먹은 🍎 수   남은 🍎 수

$$10 - \boxed{} = \boxed{}$$

3.

$$10 - \boxed{} = \boxed{}$$

4.

$$10 - \boxed{} = \boxed{}$$

5.

$$10 - \boxed{} = \boxed{}$$

6.

$$10 - \boxed{} = \boxed{}$$

7.

$$10 - \boxed{} = \boxed{}$$

8.

$$10 - \boxed{} = \boxed{}$$

⭐ ☐ 안에 알맞은 수를 써넣으세요.

1. $10 - 1 = \boxed{9}$

10. $10 - 2 = \boxed{}$

2. $10 - 9 = \boxed{}$

11. $10 - \boxed{} = 2$

3. $10 - 2 = \boxed{}$

12. $10 - 7 = \boxed{}$

4. $10 - 8 = \boxed{}$

13. $10 - \boxed{} = 7$

5. $10 - 3 = \boxed{}$

14. $10 - 4 = \boxed{}$

6. $10 - 7 = \boxed{}$

15. $10 - \boxed{} = 4$

7. $10 - 4 = \boxed{}$

16. $10 - 1 = \boxed{}$

8. $10 - 6 = \boxed{}$

17. $10 - \boxed{} = 1$

9. $10 - 5 = \boxed{}$

18. $10 - \boxed{} = 5$

⭐ ☐ 안에 알맞은 수를 써넣으세요.

1. $10 - 6 = \boxed{}$

2. $10 - \boxed{} = 9$

3. $10 - 8 = \boxed{}$

4. $10 - \boxed{} = 5$

5. $10 - 2 = \boxed{}$

6. $10 - \boxed{} = 6$

7. $10 - 7 = \boxed{}$

8. $10 - \boxed{} = 1$

9. $10 - \boxed{} = 4$

10. $10 - \boxed{} = 2$

11. $10 - \boxed{} = 7$

12. $10 - \boxed{} = 9$

13. $10 - \boxed{} = 3$

14. $10 - \boxed{} = 8$

⭐ 그림을 보고 ☐ 안에 알맞은 수를 써넣으세요.

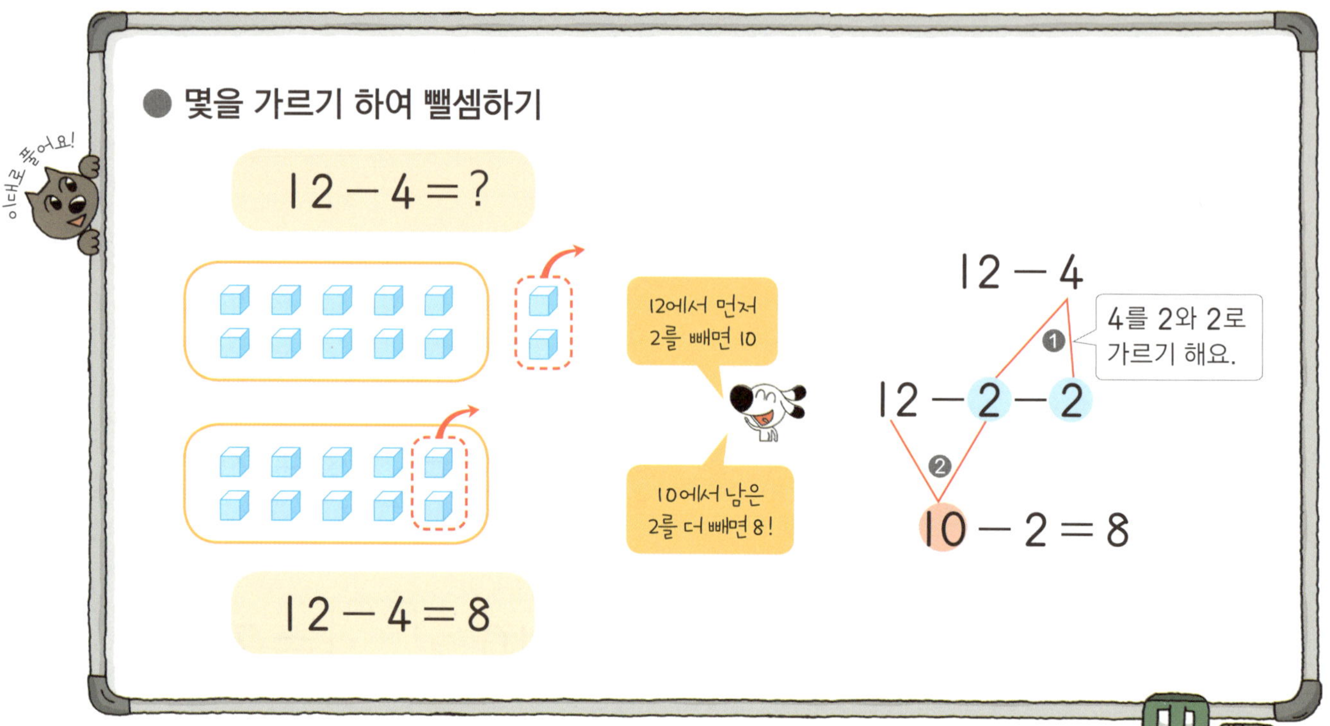

1.

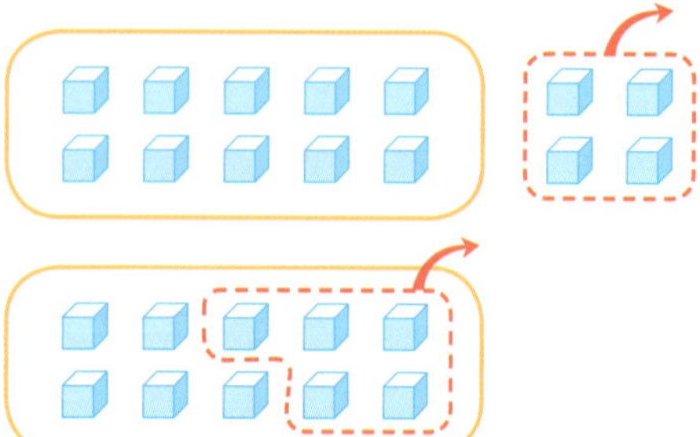

14 − 9

14 − 4 − [5]

10 − [5] = ☐

2.

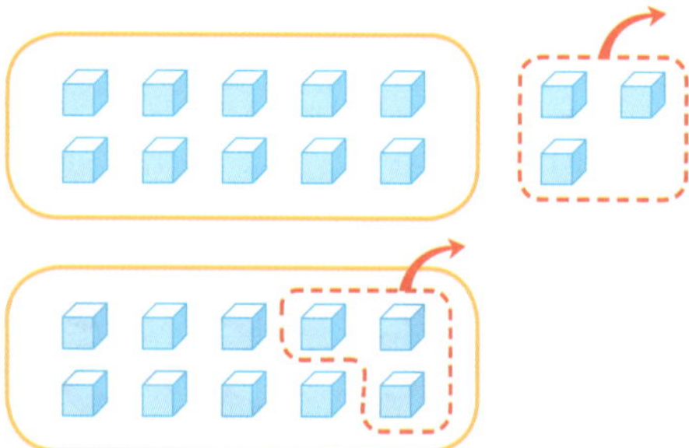

13 − 6

13 − 3 − ☐

10 − ☐ = ☐

(십몇)-(몇)의 답이 바로 나오지 않는다면 뒤의 수를 갈라 10-(몇)의 계산이 되도록 만듭니다. 이것이 (십몇)-(몇)을 쉽게 푸는 첫 번째 방법입니다.

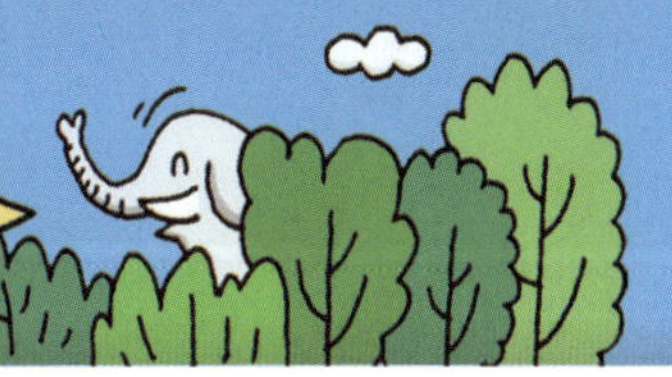

☆ □ 안에 알맞은 수를 써넣으세요.

1. 11 − 2

❶ 11 − 1 − [1]

❷ 10 − [1] = [ ]

11에서 먼저 1을 빼요.

10에서 남은 1을 빼요.

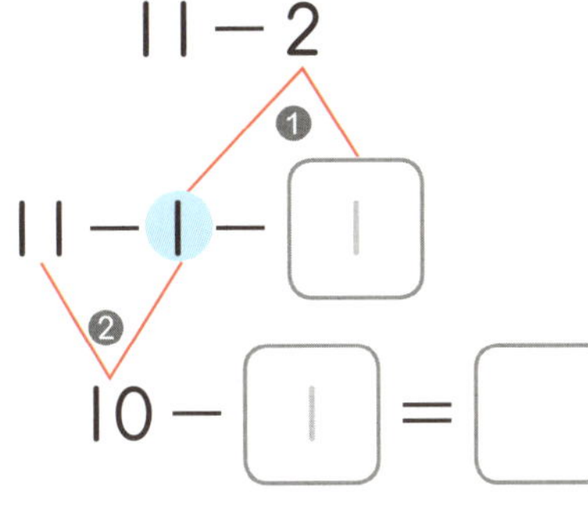

2. 12 − 5

12 − 2 − [3]

10 − [ ] = [ ]

3. 13 − 8

13 − 3 − [ ]

10 − [ ] = [ ]

4. 15 − 7

15 − 5 − [ ]

10 − [ ] = [ ]

5. 11 − 6

11 − 1 − [ ]

10 − [ ] = [ ]

6. 12 − 9

12 − 2 − [ ]

10 − [ ] = [ ]

7. 14 − 5

14 − 4 − [ ]

10 − [ ] = [ ]

8. 16 − 8

16 − 6 − [ ]

10 − [ ] = [ ]

⭐ ☐ 안에 알맞은 수를 써넣으세요.

1. 11 − 4

11 − [1] − [ ] ❶
❷
10 − [ ] = [ ]

2. 12 − 6

12 − [ ] − [ ]
10 − [ ] = [ ]

3. 13 − 5

13 − [ ] − [ ]
10 − [ ] = [ ]

4. 14 − 8

14 − [ ] − [ ]
10 − [ ] = [ ]

5. 11 − 9

11 − [ ] − [ ]
10 − [ ] = [ ]

6. 16 − 7

16 − [ ] − [ ]
10 − [ ] = [ ]

7. 12 − 7

12 − [ ] − [ ]
10 − [ ] = [ ]

8. 15 − 6

15 − [ ] − [ ]
10 − [ ] = [ ]

⭐ ☐ 안에 알맞은 수를 써넣으세요.

1. 12 − 8

12 − ☐ − ☐

☐ − ☐ = ☐

2. 13 − 4

13 − ☐ − ☐

☐ − ☐ = ☐

3. 11 − 5

11 − ☐ − ☐

☐ − ☐ = ☐

4. 14 − 7

14 − ☐ − ☐

☐ − ☐ = ☐

5. 15 − 8

15 − ☐ − ☐

☐ − ☐ = ☐

6. 16 − 9

16 − ☐ − ☐

☐ − ☐ = ☐

7. 11 − 7

11 − ☐ − ☐

☐ − ☐ = ☐

⭐ 그림을 보고 ☐ 안에 알맞은 수를 써넣으세요.

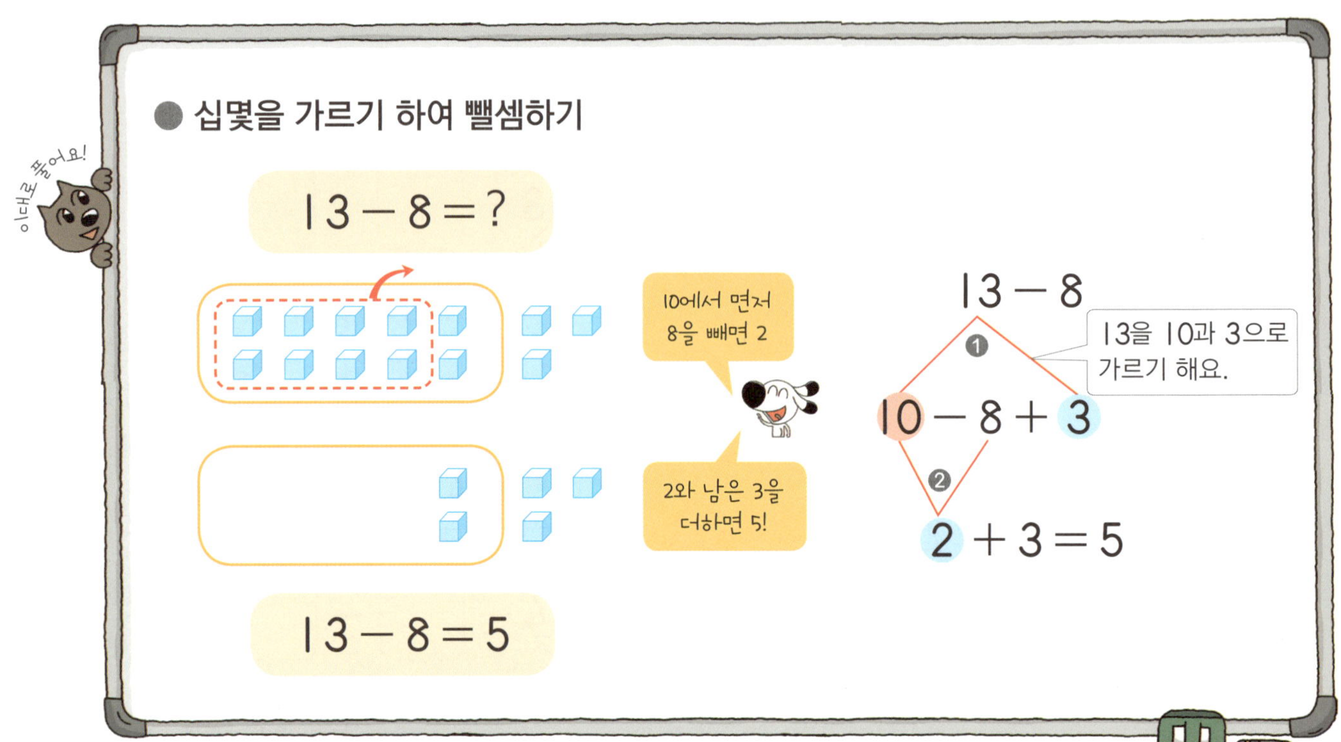

1.
14 − 5

10 − 5 + 4

5 + [4] = [ ]

2.
11 − 6

10 − 6 + 1

4 + [1] = [ ]

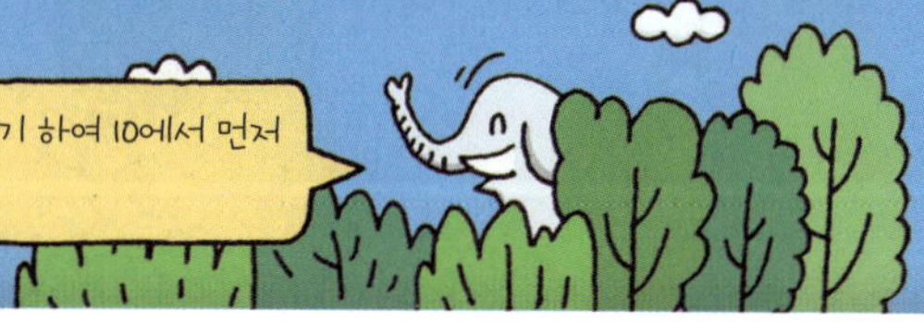

⭐ ☐ 안에 알맞은 수를 써넣으세요.

1.

$$11 - 8$$

$$10 - 8 + \boxed{1}$$

$$2 + \boxed{1} = \boxed{}$$

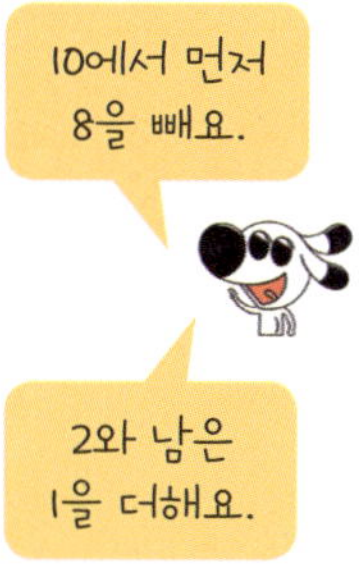

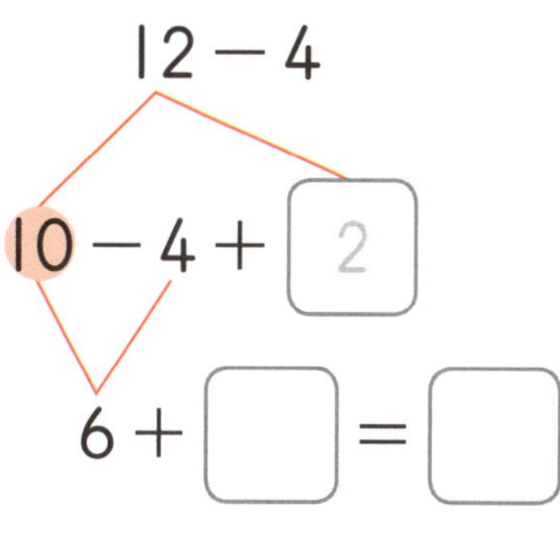

2.

$$12 - 4$$

$$10 - 4 + \boxed{2}$$

$$6 + \boxed{} = \boxed{}$$

3.

$$11 - 3$$

$$10 - 3 + \boxed{}$$

$$7 + \boxed{} = \boxed{}$$

4.

$$12 - 7$$

$$\boxed{} - 7 + 2$$

$$3 + \boxed{} = \boxed{}$$

5.

$$13 - 6$$

$$10 - 6 + \boxed{}$$

$$4 + \boxed{} = \boxed{}$$

6.

$$14 - 9$$

$$\boxed{} - 9 + 4$$

$$1 + \boxed{} = \boxed{}$$

7.

$$15 - 9$$

$$10 - 9 + \boxed{}$$

$$1 + \boxed{} = \boxed{}$$

8.

$$16 - 8$$

$$\boxed{} - 8 + 6$$

$$2 + \boxed{} = \boxed{}$$

⭐ ☐ 안에 알맞은 수를 써넣으세요.

1.   11 − 9

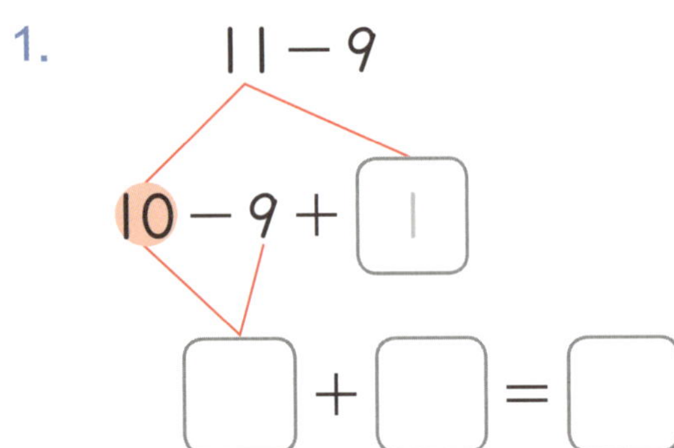

10 − 9 + ☐ 1

☐ + ☐ = ☐

2.   12 − 3

10 − 3 + ☐ 2

☐ + ☐ = ☐

3.   13 − 5

10 − 5 + ☐

☐ + ☐ = ☐

4.   14 − 8

☐ − 8 + 4

☐ + ☐ = ☐

5.   11 − 4

10 − 4 + ☐

☐ + ☐ = ☐

6.   16 − 7

☐ − 7 + 6

☐ + ☐ = ☐

7.   15 − 8

10 − 8 + ☐

☐ + ☐ = ☐

8.   13 − 9

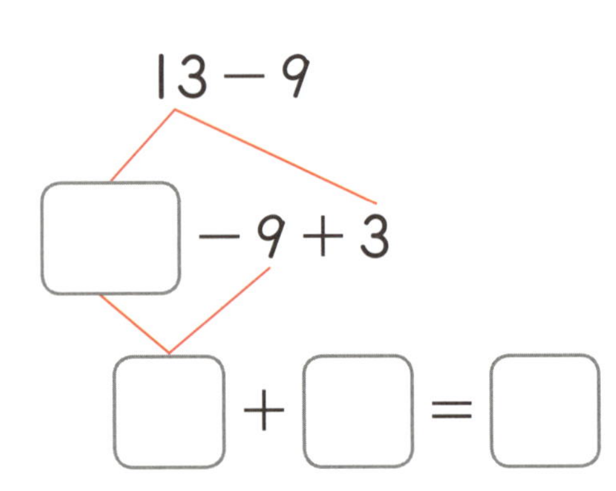

☐ − 9 + 3

☐ + ☐ = ☐

⭐ ☐ 안에 알맞은 수를 써넣으세요.

1. $12 - 8$
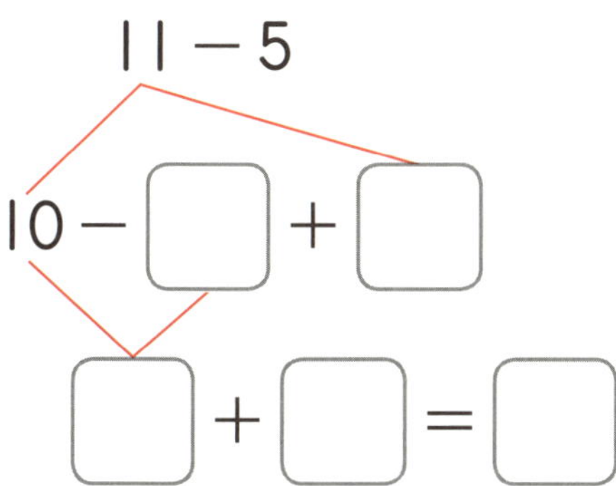

2. $14 - 6$
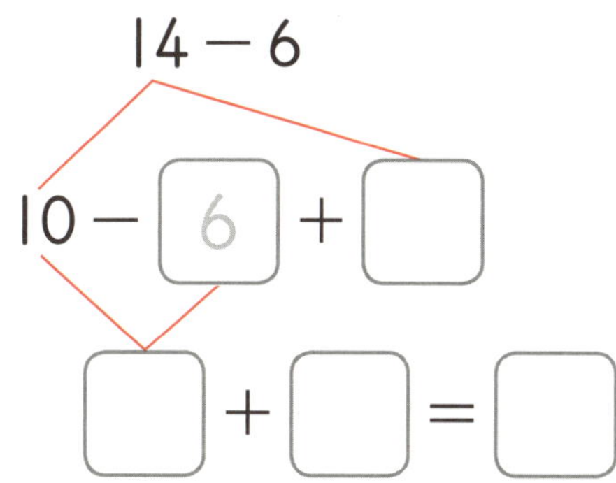

3. $11 - 5$
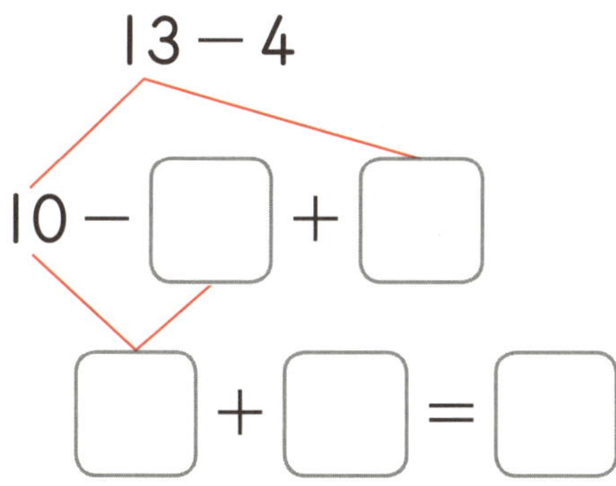

4. $15 - 7$
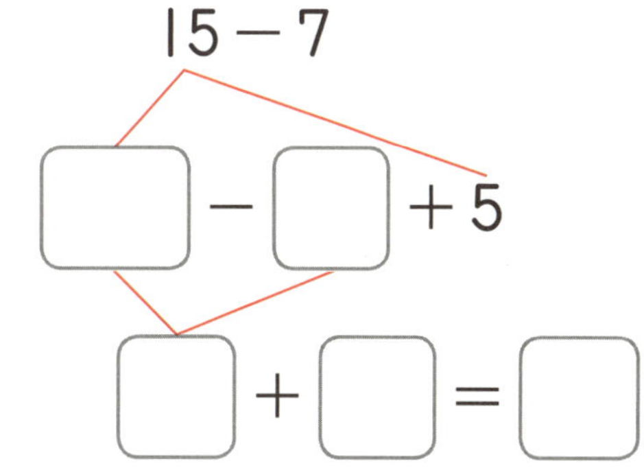

5. $13 - 4$

6. $12 - 9$
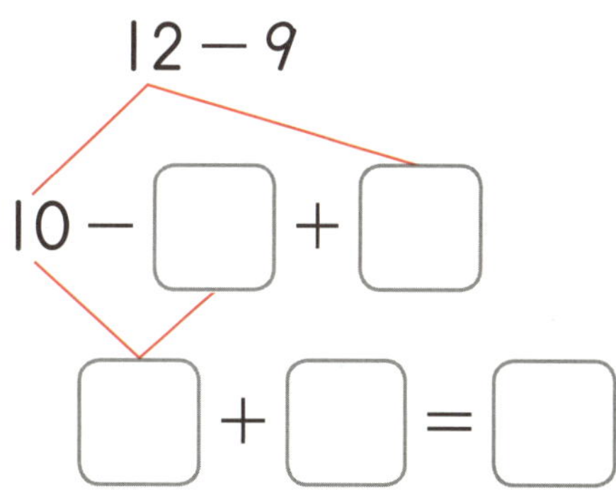

7. $11 - 2$

⭐ 뺄셈을 하세요.

1. $11 - 2 = \boxed{}$

2. $12 - 3 = \boxed{}$

3. $13 - 4 = \boxed{}$

4. $14 - 5 = \boxed{}$

5. $15 - 6 = \boxed{}$

6. $16 - 7 = \boxed{}$

7. $17 - 8 = \boxed{}$

8. $18 - 9 = \boxed{}$

9. $11 - 3 = \boxed{}$

10. $12 - 4 = \boxed{}$

11. $13 - 5 = \boxed{}$

12. $17 - 9 = \boxed{}$

13. $15 - 7 = \boxed{}$

14. $14 - 6 = \boxed{}$

15. $16 - 8 = \boxed{}$

16. $11 - 8 = \boxed{}$

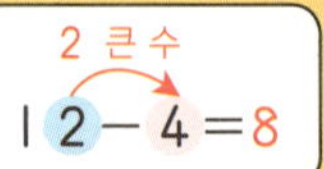

⭐ 뺄셈을 하세요.

1. $11 - 4 = \boxed{}$

2. $13 - 6 = \boxed{}$

3. $16 - 9 = \boxed{}$

4. $14 - 7 = \boxed{}$

5. $15 - 8 = \boxed{}$

6. $12 - 5 = \boxed{}$

7. $11 - 5 = \boxed{}$

8. $13 - 7 = \boxed{}$

9. $12 - 6 = \boxed{}$

10. $14 - 8 = \boxed{}$

11. $15 - 9 = \boxed{}$

12. $11 - 6 = \boxed{}$

13. $12 - 7 = \boxed{}$

14. $13 - 8 = \boxed{}$

15. $14 - 9 = \boxed{}$

16. $11 - 7 = \boxed{}$

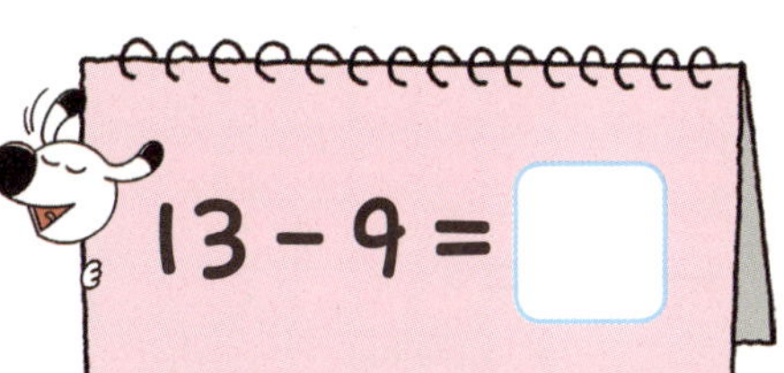

⭐ 뺄셈을 하세요.

1. $12 - 7 = \boxed{}$

2. $13 - 8 = \boxed{}$

3. $12 - 9 = \boxed{}$

4. $11 - 8 = \boxed{}$

5. $15 - 6 = \boxed{}$

6. $14 - 6 = \boxed{}$

7. $11 - 2 = \boxed{}$

8. $17 - 9 = \boxed{}$

9. $12 - 3 = \boxed{}$

10. $15 - 7 = \boxed{}$

11. $14 - 5 = \boxed{}$

12. $17 - 8 = \boxed{}$

13. $11 - 6 = \boxed{}$

14. $18 - 9 = \boxed{}$

15. $13 - 6 = \boxed{}$

16. $16 - 9 = \boxed{}$

⭐ 뺄셈을 하고, 아래 그림에서 답을 모두 찾아 색칠하세요.

1. $12 - 5 = \boxed{}$

2. $11 - 3 = \boxed{}$

3. $13 - 4 = \boxed{}$

4. $16 - 7 = \boxed{}$

5. $13 - 9 = \boxed{}$

6. $11 - 4 = \boxed{}$

7. $12 - 8 = \boxed{}$

8. $13 - 5 = \boxed{}$

9. $15 - 9 = \boxed{}$

10. $14 - 7 = \boxed{}$

☆ 빈칸에 알맞은 수를 써넣으세요.

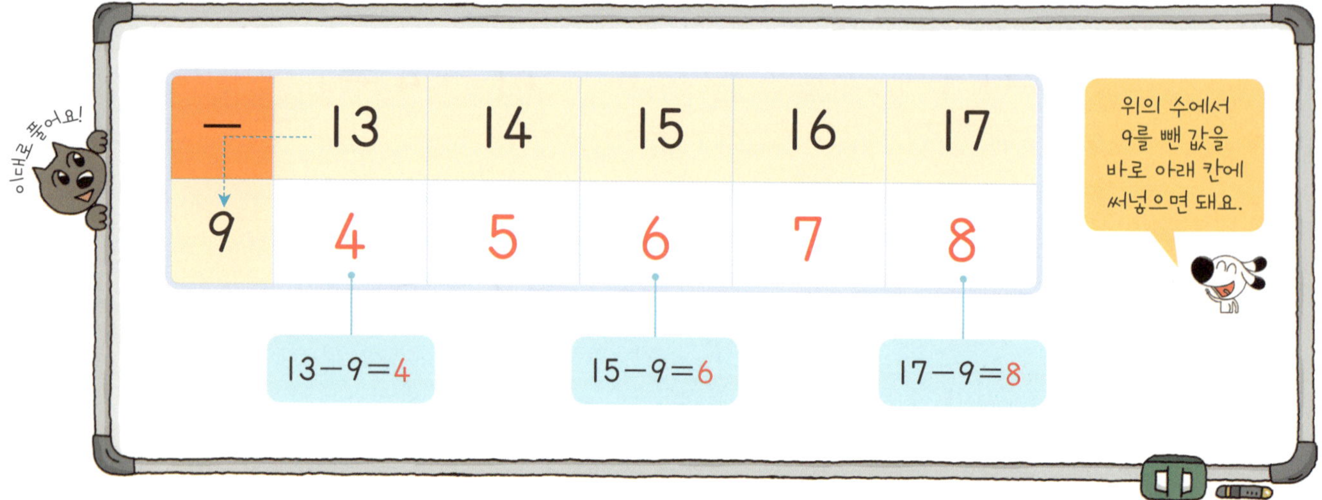

−	13	14	15	16	17
9	4	5	6	7	8

13−9=4   15−9=6   17−9=8

1.

−	11	12	13	14	15	16
7	11−7 4					

2.

−	12	11	13	16	15	14
8	12−8					

3.

−	11	13	15	12	14	18
9	11−9					

⭐ 빈칸에 알맞은 수를 써넣으세요.

1.

−	11	13	12
4	11−4		

2.

−	13	12	11
5	13−5		

3.

−	15	14	13
6	15−6		

4.

−	16	14	12
7	16−7		

5.

−	13	15	17
8			

6.

−	17	16	14
9			

⭐ 빈칸에 알맞은 수를 써넣으세요.

1.

−	11
2	11 − 2
5	
8	

2.

−	12
4	12 − 4
6	
8	

3.

−	13
5	13 − 5
7	
9	

4.

−	14
5	
7	
9	

5.

−	15
8	
7	
6	

6.

−	16
8	
7	
9	

⭐ 빈칸에 알맞은 수를 써넣으세요.

1.

−	11
3	
6	
9	

2.

−	12
5	
7	
9	

3.

−	13
4	
6	
8	

4.

−	14
8	
6	
5	

5.

−	15
6	
8	
9	

6.

−	16
7	
9	
8	

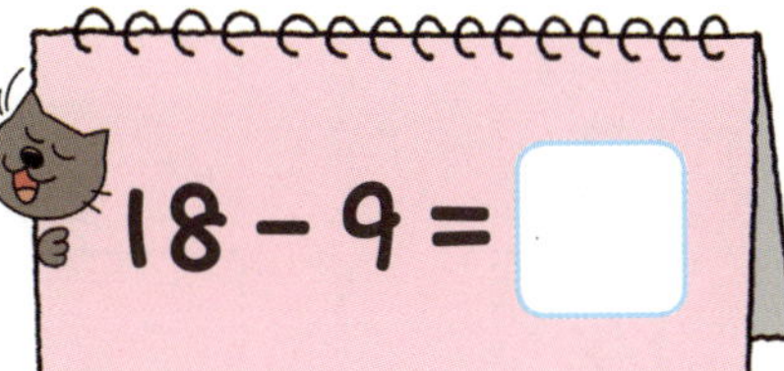

13. (십몇)−(몇)을 다양한 모양으로 연습해요

빈 곳에 알맞은 수를 써넣으세요.

이대로 풀어요!

−6

11	5	11−6=5
12	6	12−6=6
13	7	13−6=7

지금부터는 두 수의 뺄셈을 화살표를 이용해서 계산해 볼 거예요. 어려우면 직접 식을 써 가면서 풀어도 돼요.

1. −5

11	6	11−5
12		12−5
13		13−5

2. −7

11		11−7
14		14−7
15		15−7

3. −8

12	
13	
14	

4. −9

13	
16	
17	

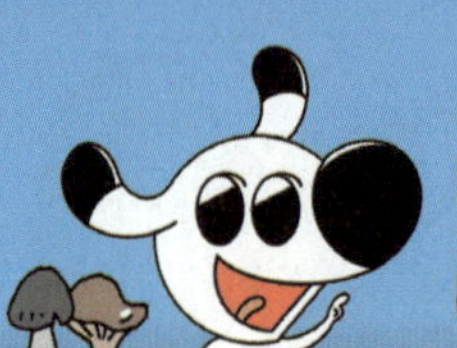

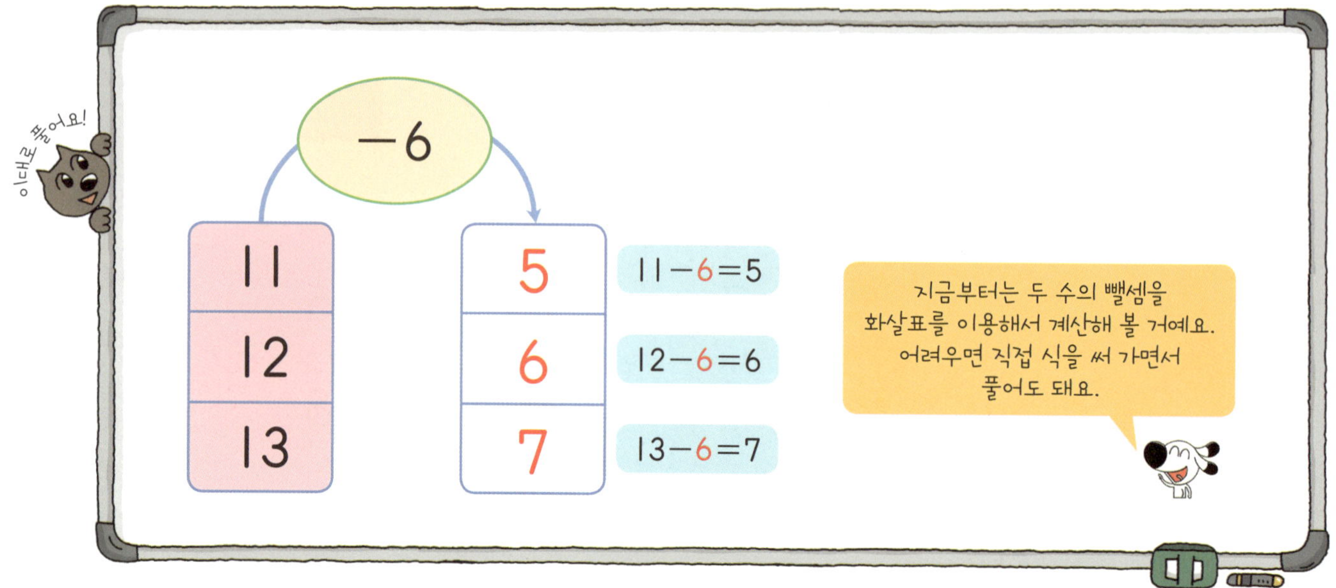

⭐ 빈 곳에 알맞은 수를 써넣으세요.

1.
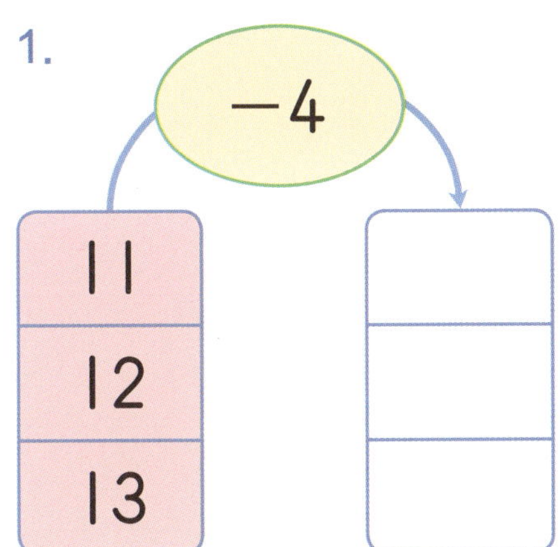

2.
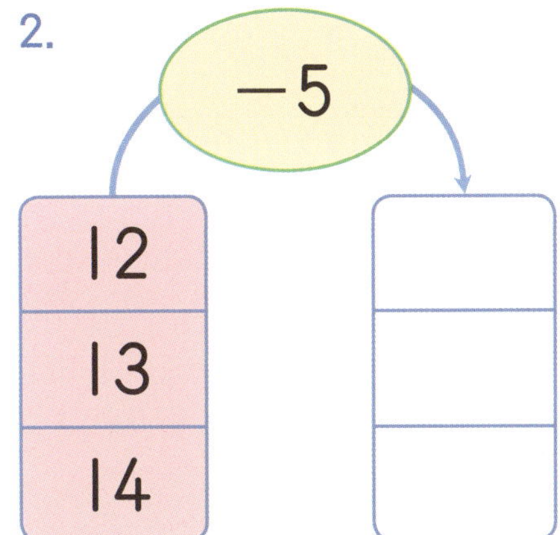

3.
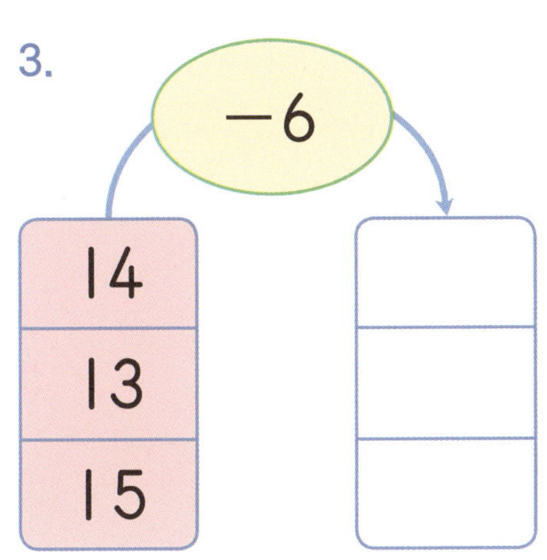

4.
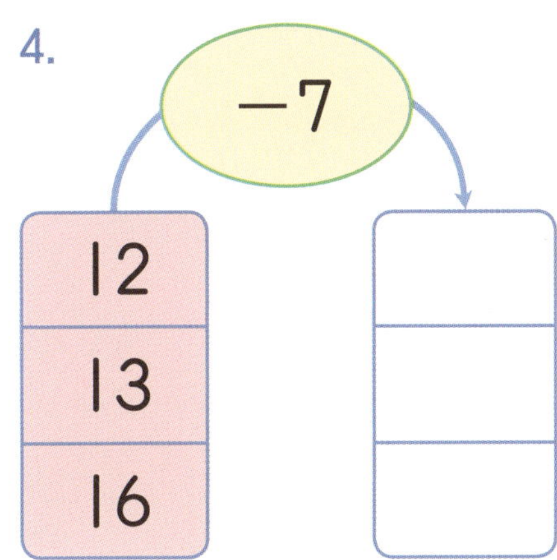

5.
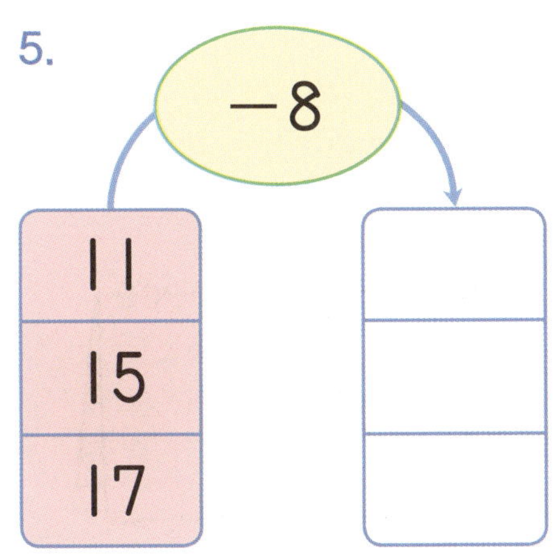

6.
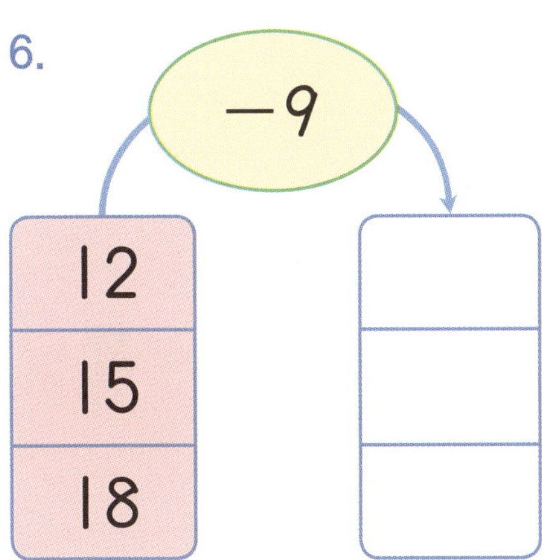

⭐ 빈 곳에 알맞은 수를 써넣으세요.

1.
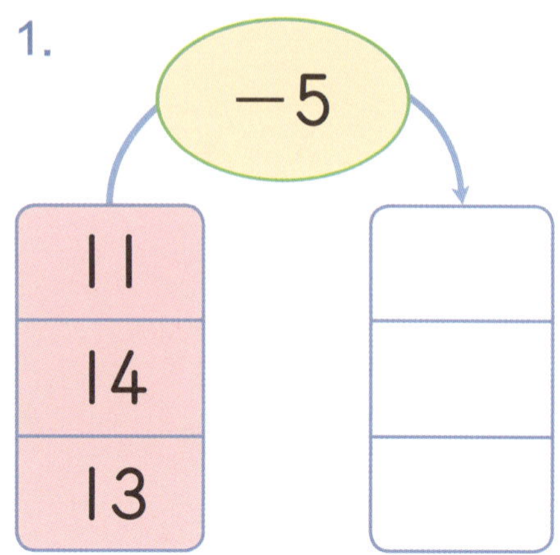

2.
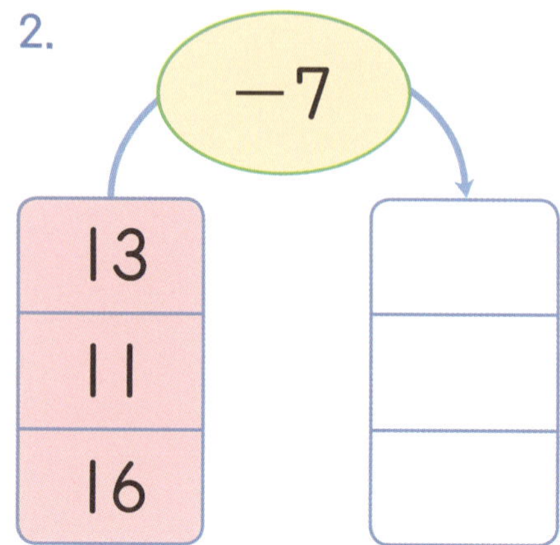

3.
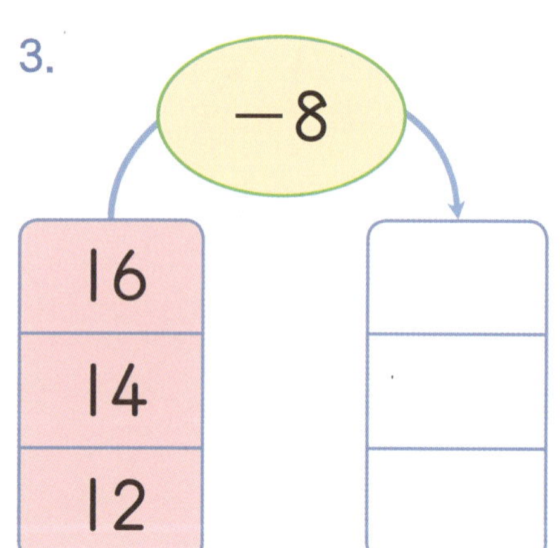

4.
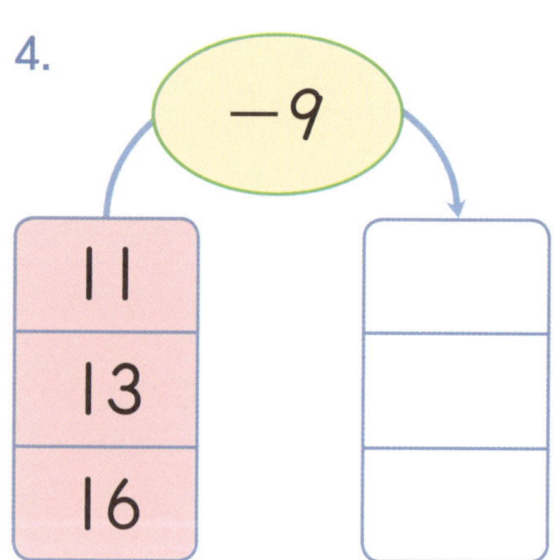

⭐ 빈 곳에 알맞은 수를 써넣으세요.

1.

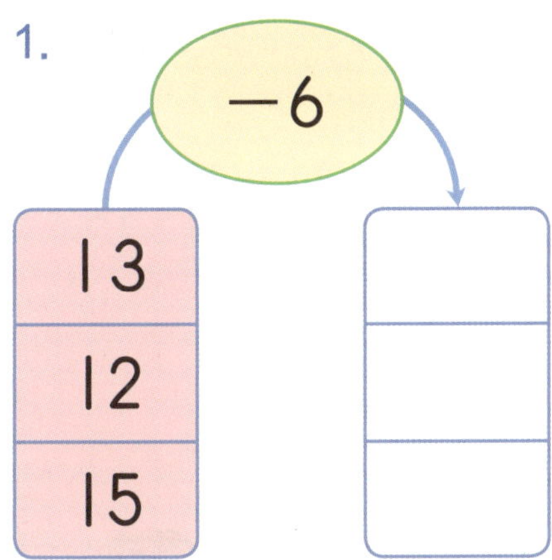

2.

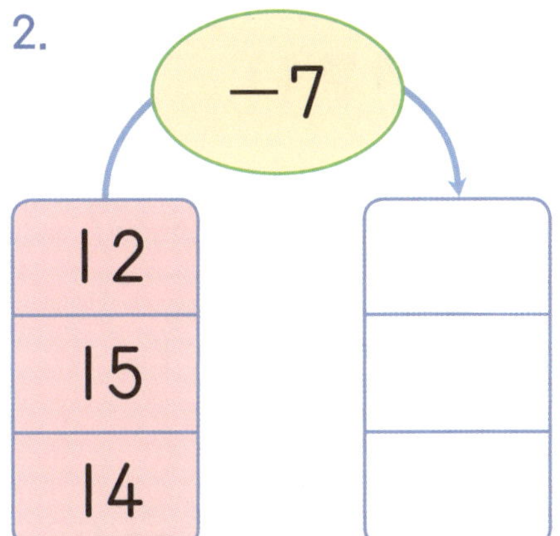

3.

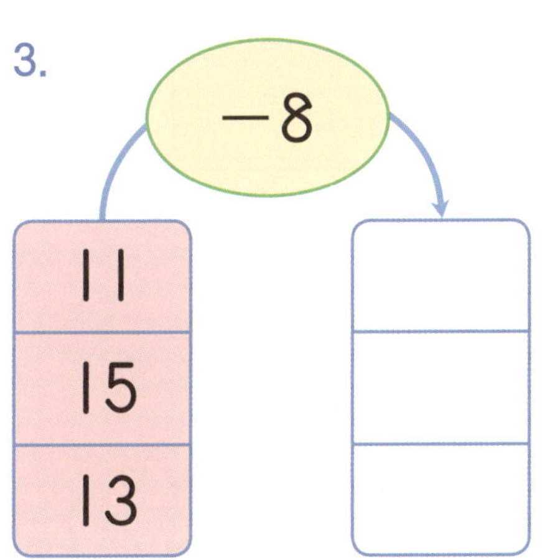

4.

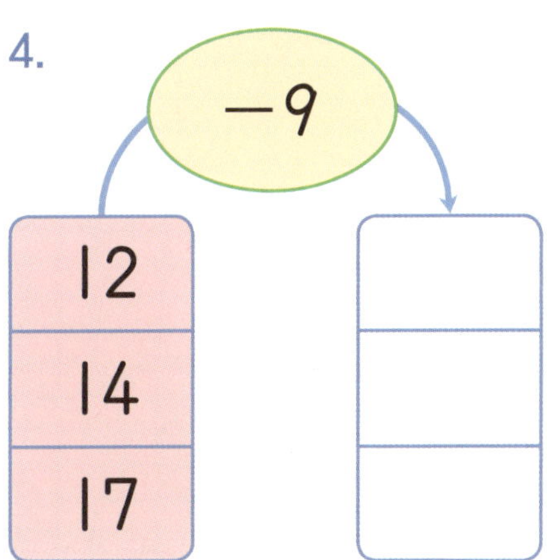

⭐ 빈 곳에 알맞은 수를 써넣으세요.

● 세 수의 덧셈과 뺄셈 1

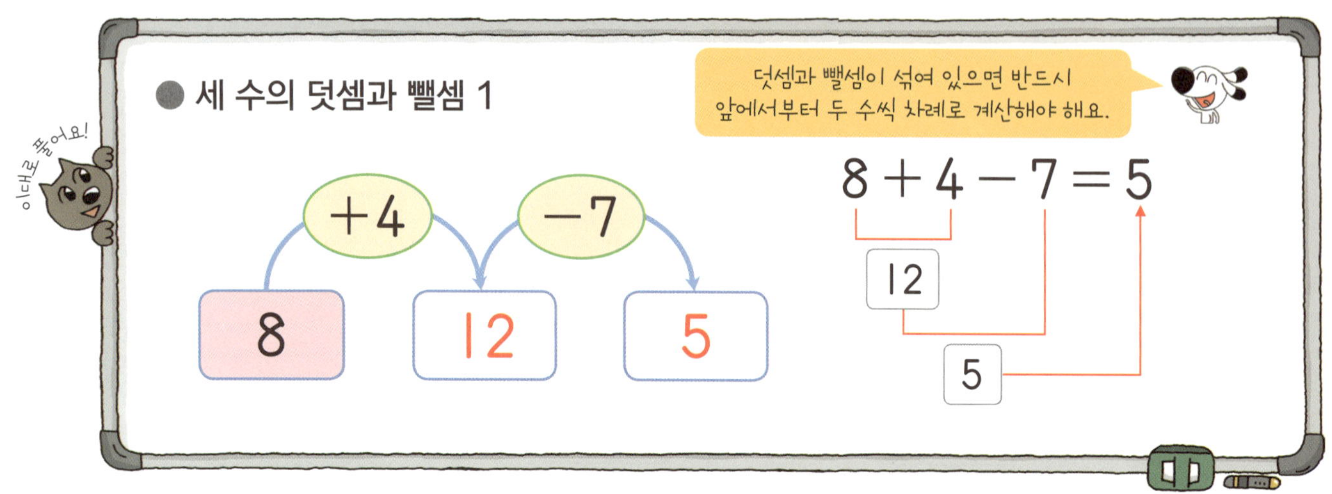

1.

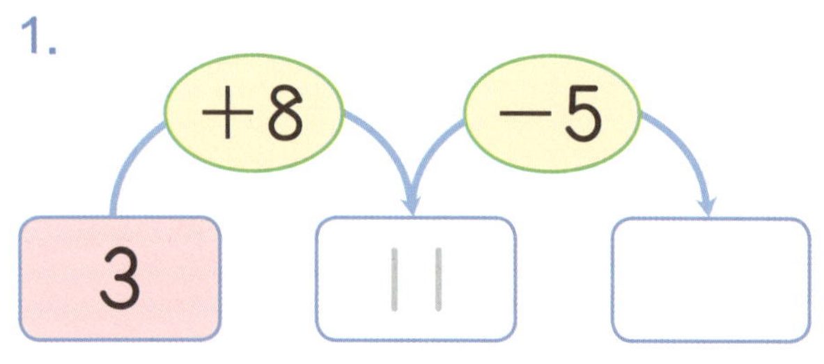

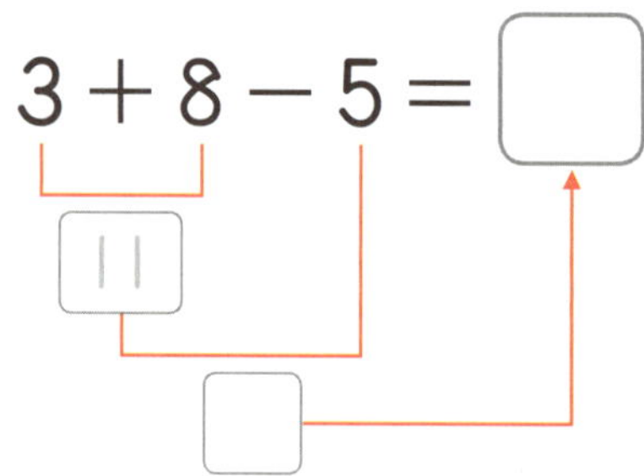

2.

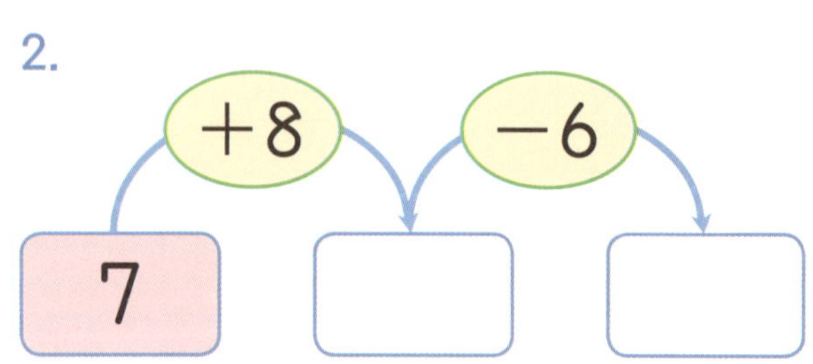

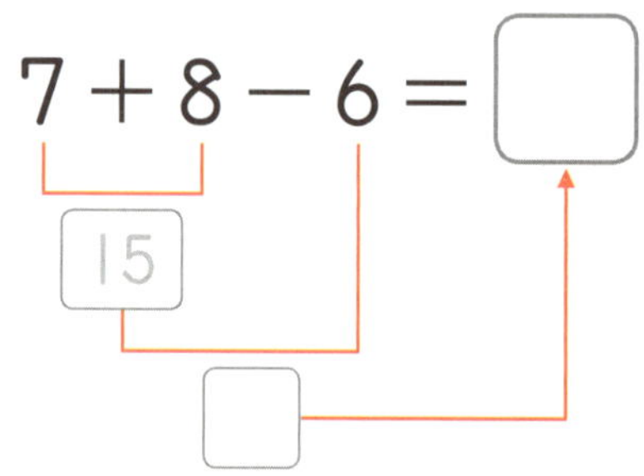

3.

⭐ 빈 곳에 알맞은 수를 써넣으세요.

1.

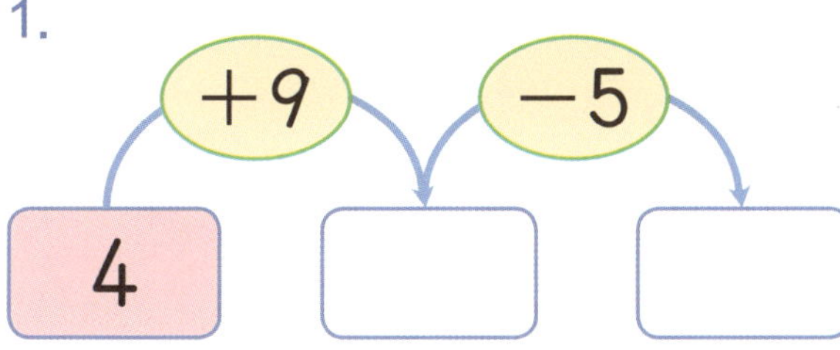

2.

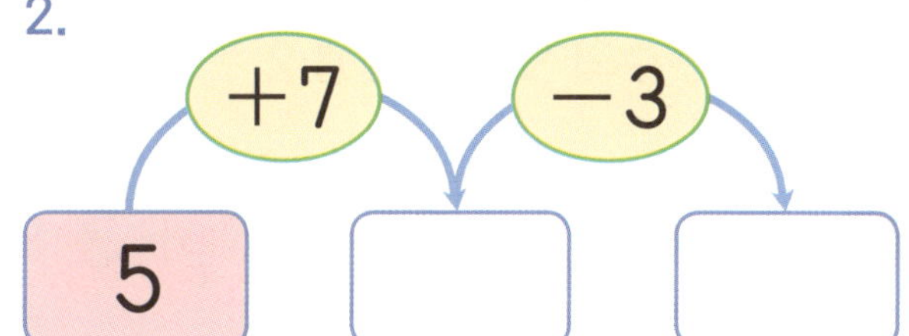

3.

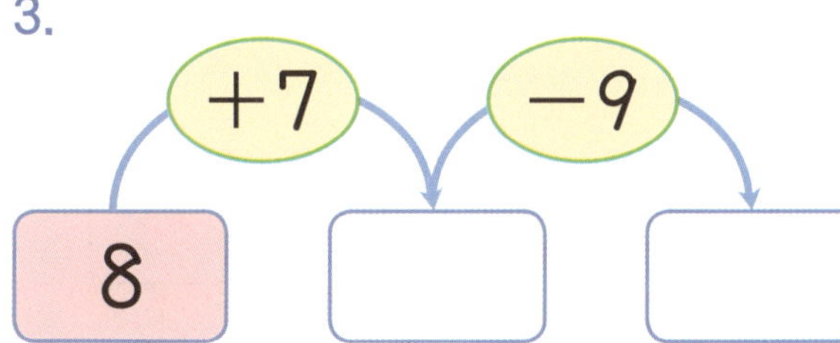

4.

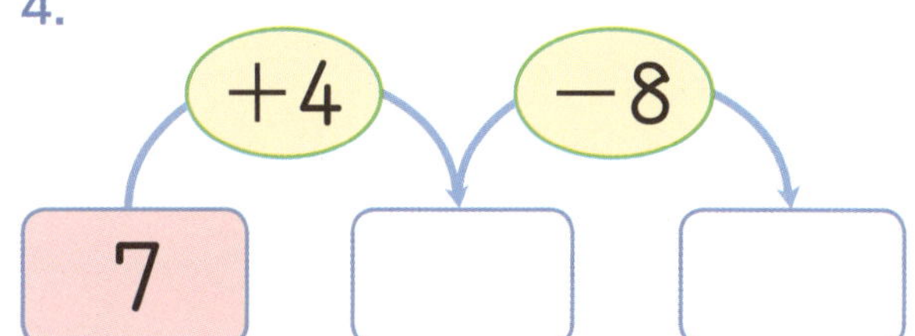

5.

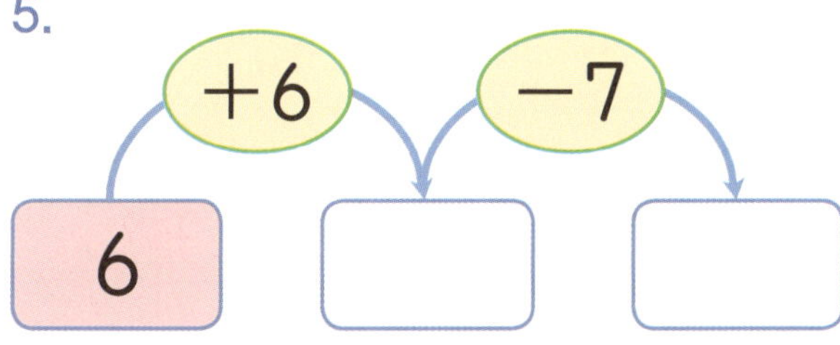

6.

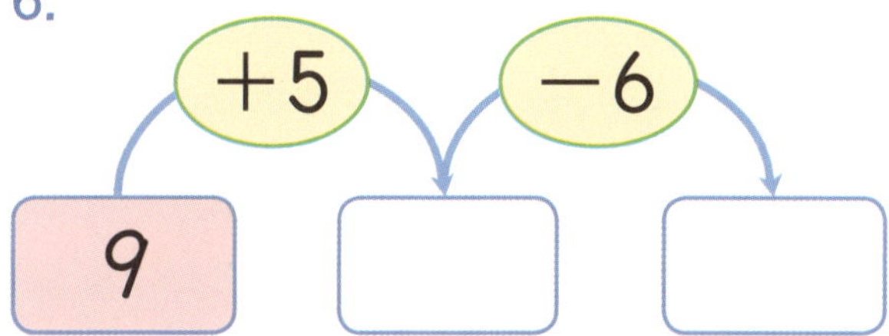

⭐ 빈 곳에 알맞은 수를 써넣으세요.

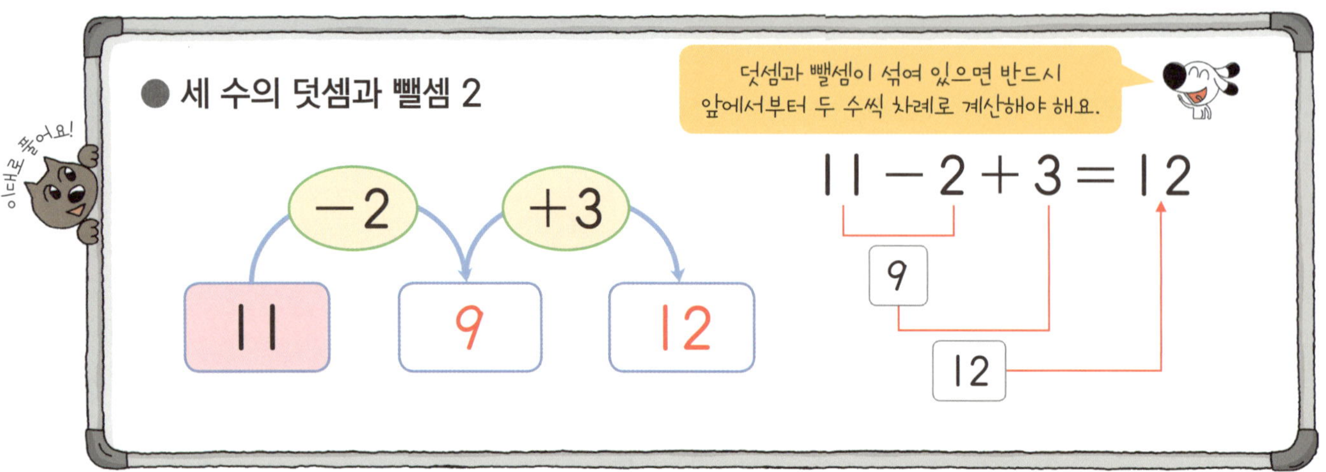

1.
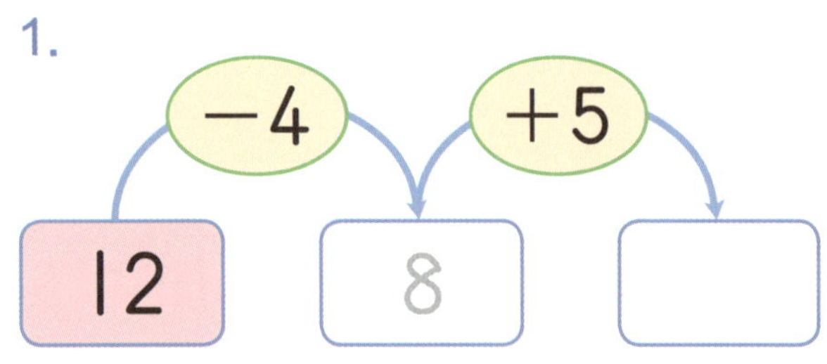

$12 - 4 + 5 = \boxed{}$
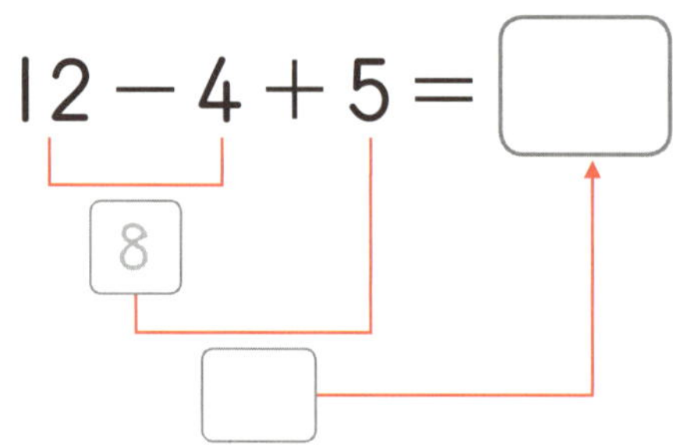

2.
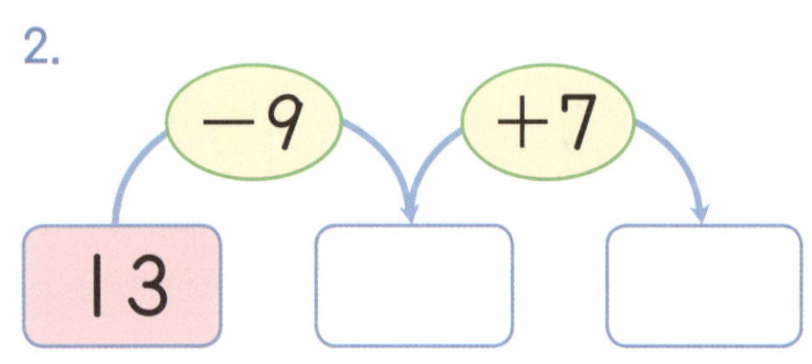

$13 - 9 + 7 = \boxed{}$
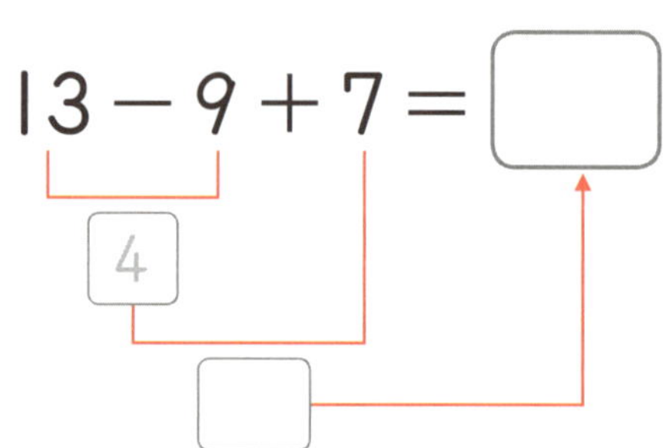

3.

$14 - 6 + 9 = \boxed{}$

⭐ 빈 곳에 알맞은 수를 써넣으세요.

1.
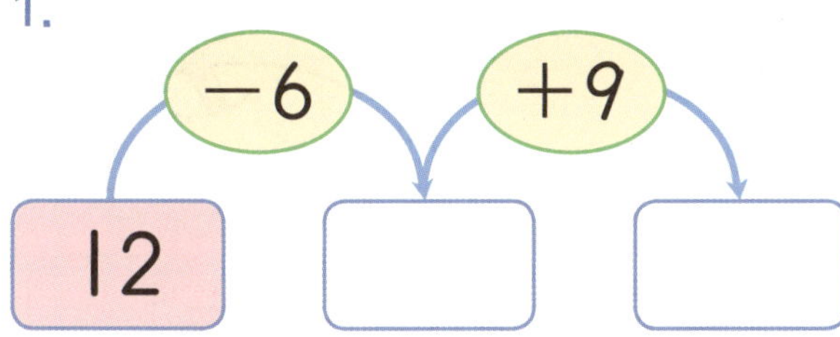

2.
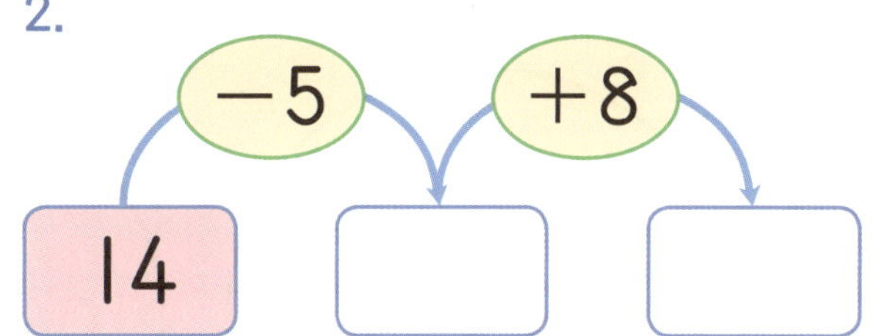

3.
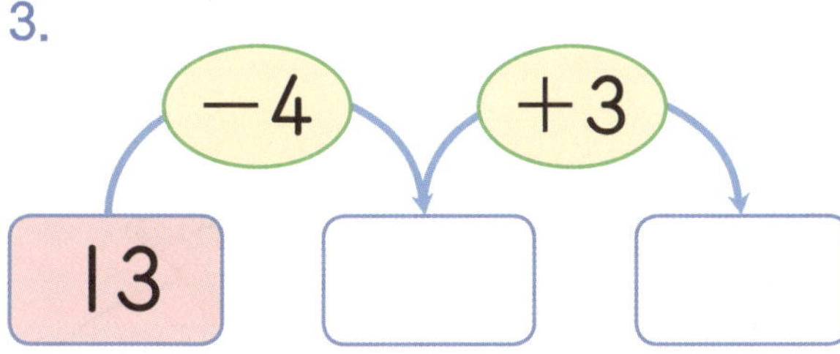

4.
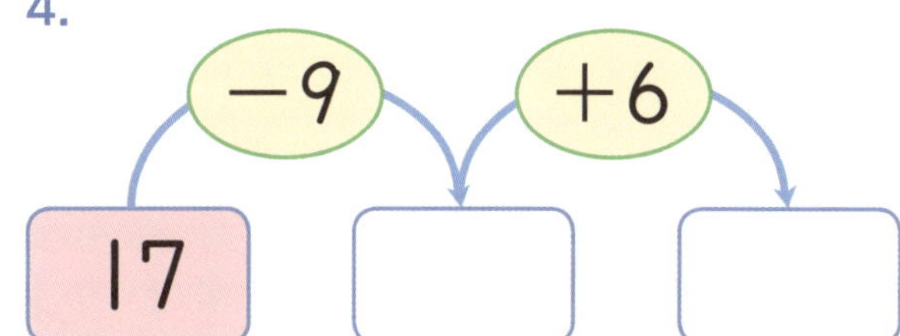

5.
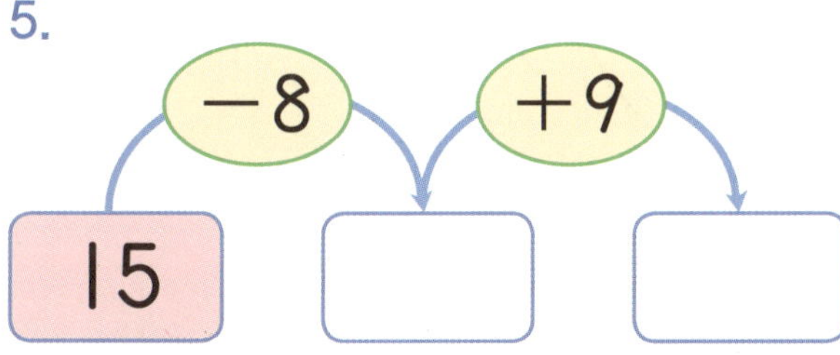

6.
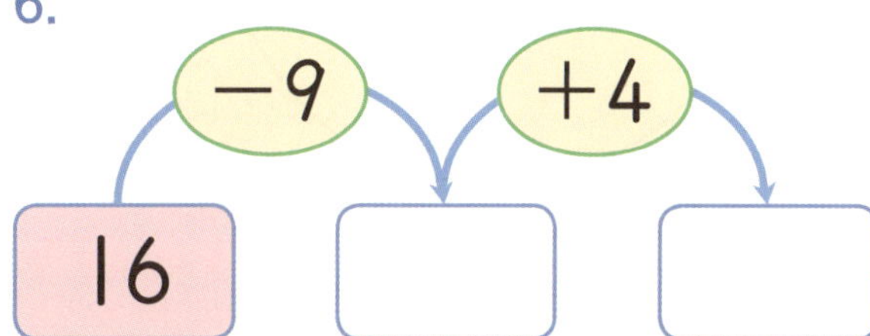

15. (십몇)−(몇) 총정리

 ☆ ☐ 안에 들어갈 수가 가장 큰 사과에 색칠하세요.

1.

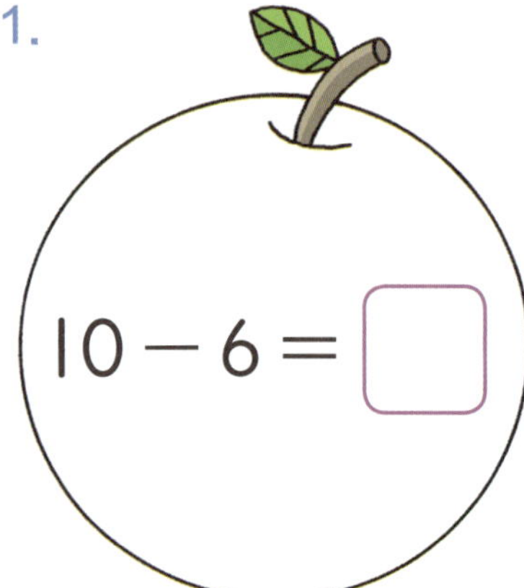

$10 - 6 = \boxed{}$

$10 - \boxed{} = 3$

$10 - 5 = \boxed{}$

2.

$10 - 9 = \boxed{}$

$10 - \boxed{} = 8$

$10 - 7 = \boxed{}$

3.

$10 - \boxed{} = 1$

$10 - 2 = \boxed{}$

$10 - \boxed{} = 4$

⭐ 뺄셈을 하고 차가 가장 작은 빨래에 색칠하세요.

1.

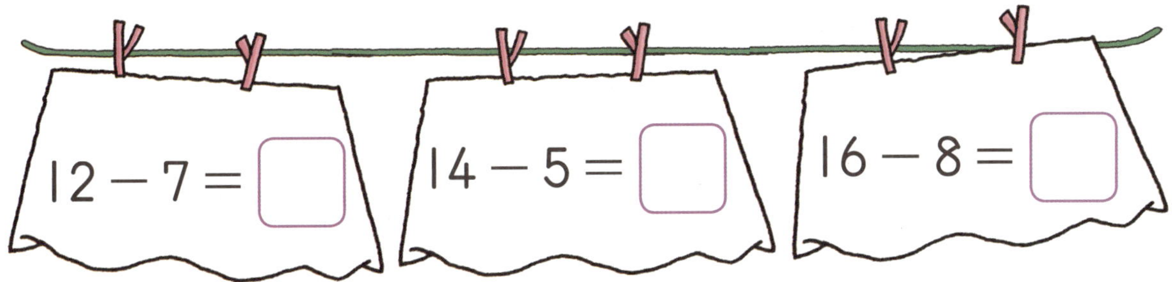

2.

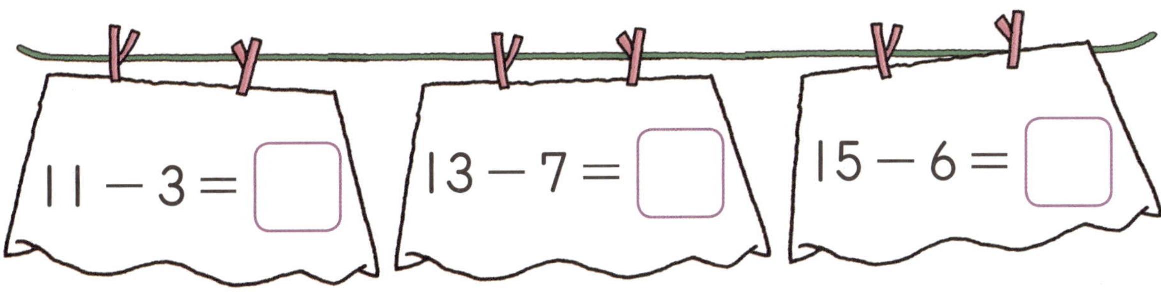

3.

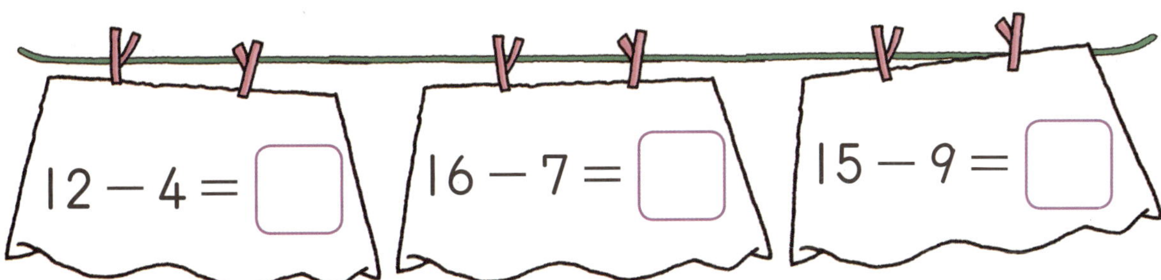

⭐ 뺄셈을 하고 ☐에 해당하는 글자를 아래 빈칸에 써넣고, 수수께끼의 답을 쓰세요.

12 − 8 = ☐   록

13 − 7 = ☐   아

12 − 9 = ☐   을

11 − 9 = ☐   면

12 − 5 = ☐   지

16 − 8 = ☐   는

11 − 6 = ☐   만

15 − 6 = ☐   것

		2		3		4	5	6	7	8	9		
먹	으		먹		수							은	?

나   이

꿀벌이 꽃에서 꿀을 모아 먹으려 합니다. 바른 답을 따라가 보세요.

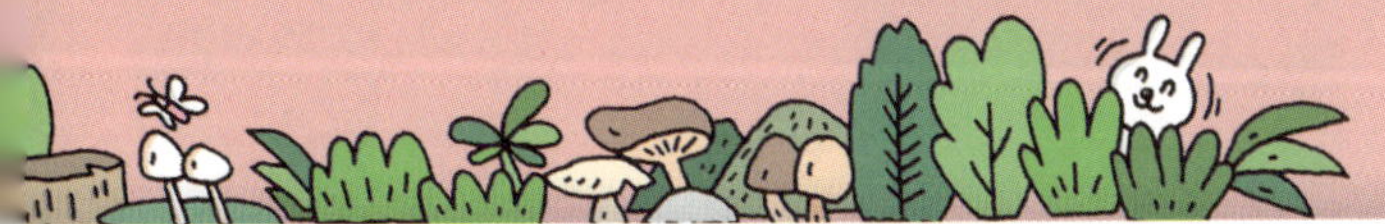

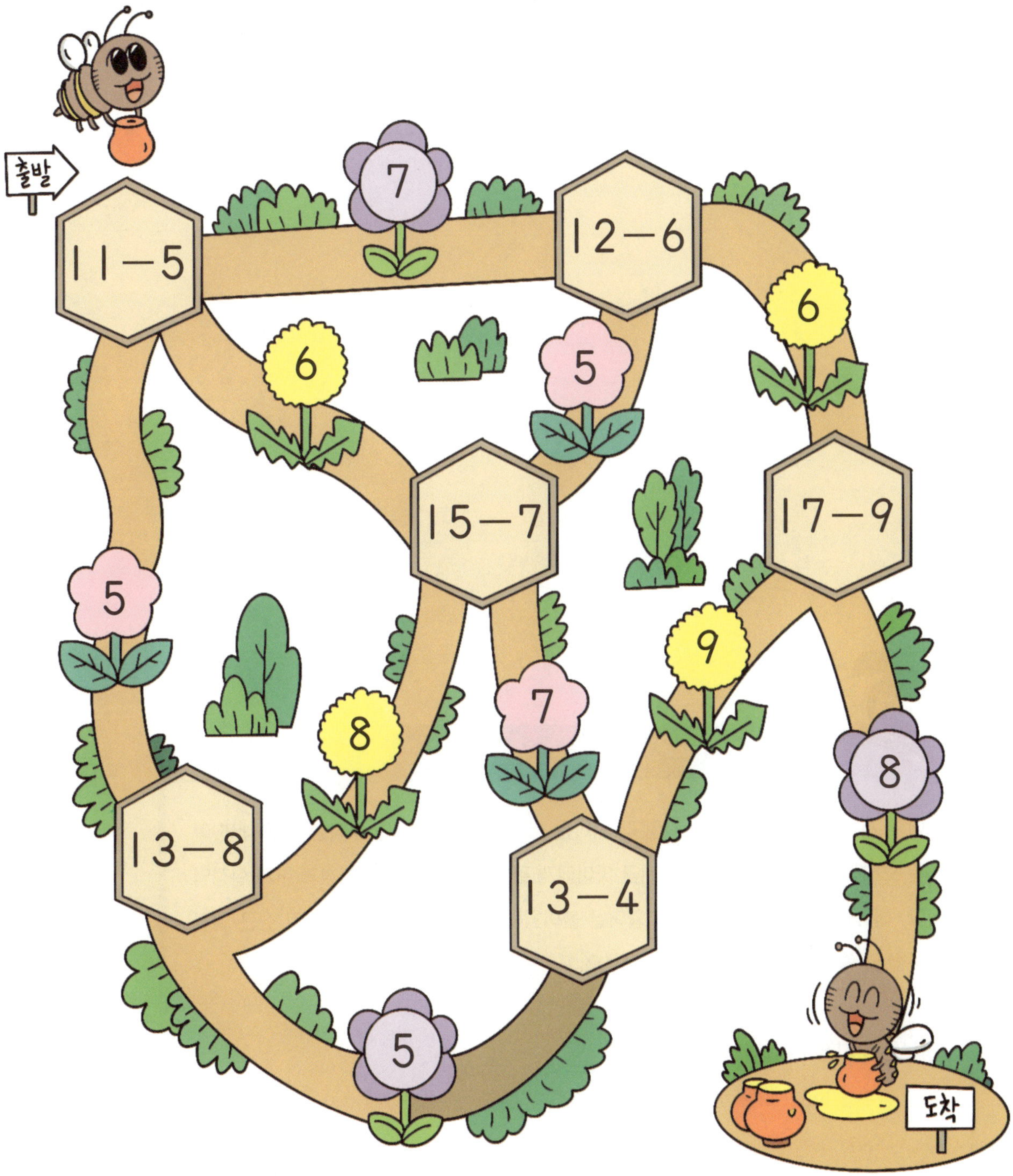
출발
11－5
7
12－6
6
5
6
15－7
17－9
5
9
8
7
8
13－8
13－4
5
도착

아이가 게임만 하고, 공부에 뒷전일 때 엄마는 화가 납니다. 하지만 무작정 화를 내면 아이는 오히려 엇나갈 수 있답니다. 지금 아이에게 필요한 것은 분명한 지침과 한계 설정입니다. 해야할 일과 하지 않았을 때 일어날 불이익을 알려주세요. 그리고 하고 싶은 일과 해야할 일 중 순서를 스스로 정하게 하세요.

(공부는 하지 않고, 게임만 하려고 할 때)

부모: 공부를 하고 게임을 할래? 아니면 게임을 한 후에 공부를 할래? 아니면, 1주일 동안 게임은 못해.

지온: 게임하고 나서 공부할게요.

아이는 자신이 선택한 것에 대해 책임감을 느끼고 약속을 잘 지키게 됩니다.

셋째 마당

두 자리 수의 뺄셈

셋째 마당은 1학년 2학기 때 배우는 내용이에요. 십의 자리와 일의 자리의 위치를 정확하게 알고, 일의 자리부터 계산하는 습관을 들이는 것이 중요해요.

공부할 내용!　　　　　　　　　　　　　　　　　　공부한 날짜

	공부할 내용	월	일
16	일의 자리 수끼리 빼고 십의 자리는 그대로!	월	일
17	가로로 계산할 때도 일의 자리 수끼리 빼요	월	일
18	두 자리 수와 한 자리 수의 뺄셈	월	일
19	일의 자리 수끼리, 십의 자리 수끼리 빼요	월	일
20	가로로 계산할 때도 같은 자리 수끼리 빼요	월	일
21	두 자리 수끼리의 뺄셈	월	일
22	다양한 모양의 두 자리 수끼리의 뺄셈 1	월	일
23	다양한 모양의 두 자리 수끼리의 뺄셈 2	월	일
24	두 자리 수의 뺄셈 총정리	월	일

⭐ 뺄셈을 하세요.

● (두 자리 수)−(한 자리 수)를 세로로 계산하기

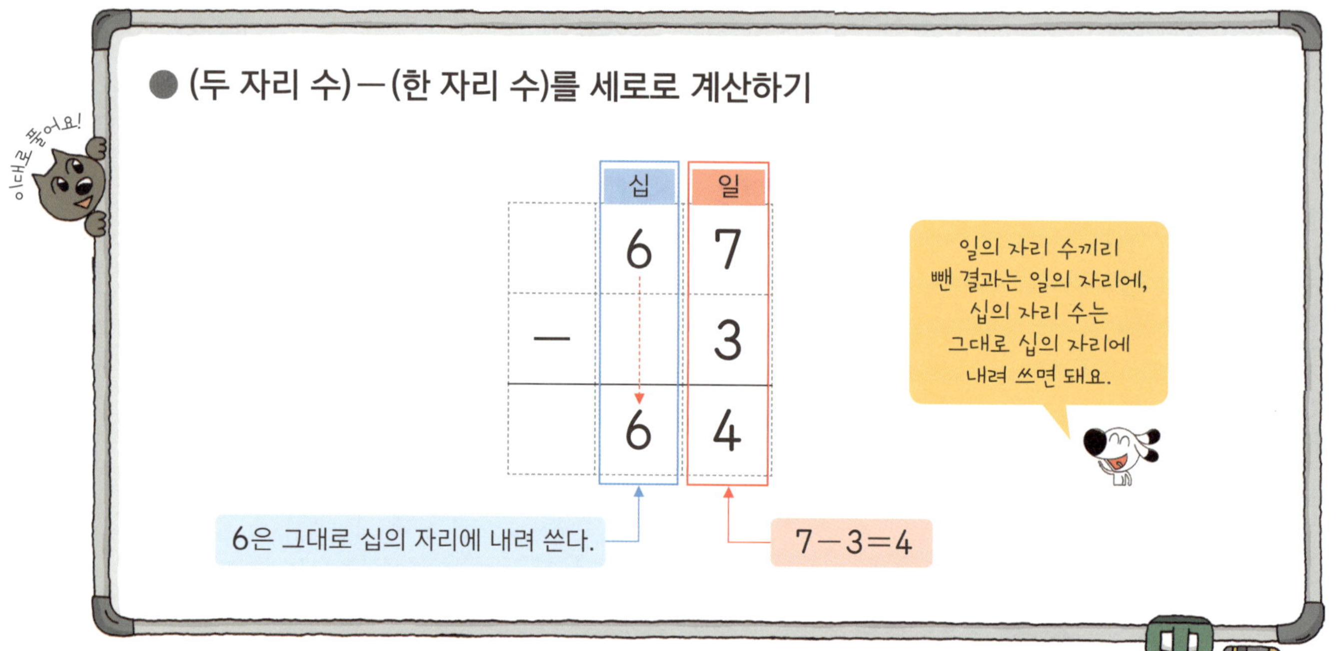

1.

십	일
3	4
−	2
3	2

2.

십	일
5	6
−	3

3.

십	일
7	9
−	5

4.

십	일
4	8
−	6

5.

십	일
8	5
−	4

6.

십	일
9	7
−	3

⭐ 뺄셈을 하세요.

1.
```
    1 7
  -   5
  ─────
      2
```


2.
```
    3 3
  -   1
  ─────
```

3.
```
    2 6
  -   3
  ─────
```

4.
```
    4 9
  -   4
  ─────
```

5.
```
    5 8
  -   2
  ─────
```

6.
```
    7 4
  -   3
  ─────
```

7.
```
    3 5
  -   4
  ─────
```

8.
```
    9 4
  -   3
  ─────
```

9.
```
    8 9
  -   6
  ─────
```

10.
```
    7 7
  -   6
  ─────
```

11.
```
    6 8
  -   3
  ─────
```

12.
```
    9 8
  -   4
  ─────
```

1.

	2	3
−		1

2.

	8	7
−		6

3.

	5	7
−		5

4.

	6	5
−		2

5.

	7	4
−		4

6.

	9	6
−		3

7.

	8	9
−		7

8.

	3	8
−		4

9.

	5	9
−		3

10.

	7	6
−		2

11.

	6	9
−		8

12.

	9	7
−		5

⭐ 뺄셈을 하세요.

1.

	3	7
−		2

2.

	2	9
−		6

3.

	7	5
−		4

4.

	4	5
−		3

5.

	5	6
−		2

6.

	2	8
−		5

7.

	1	9
−		3

8.

	3	6
−		3

9.

	8	8
−		2

10.

	6	7
−		4

11.

	7	9
−		2

⭐ 뺄셈을 하세요.

● (두 자리 수)−(한 자리 수)를 가로로 계산하기

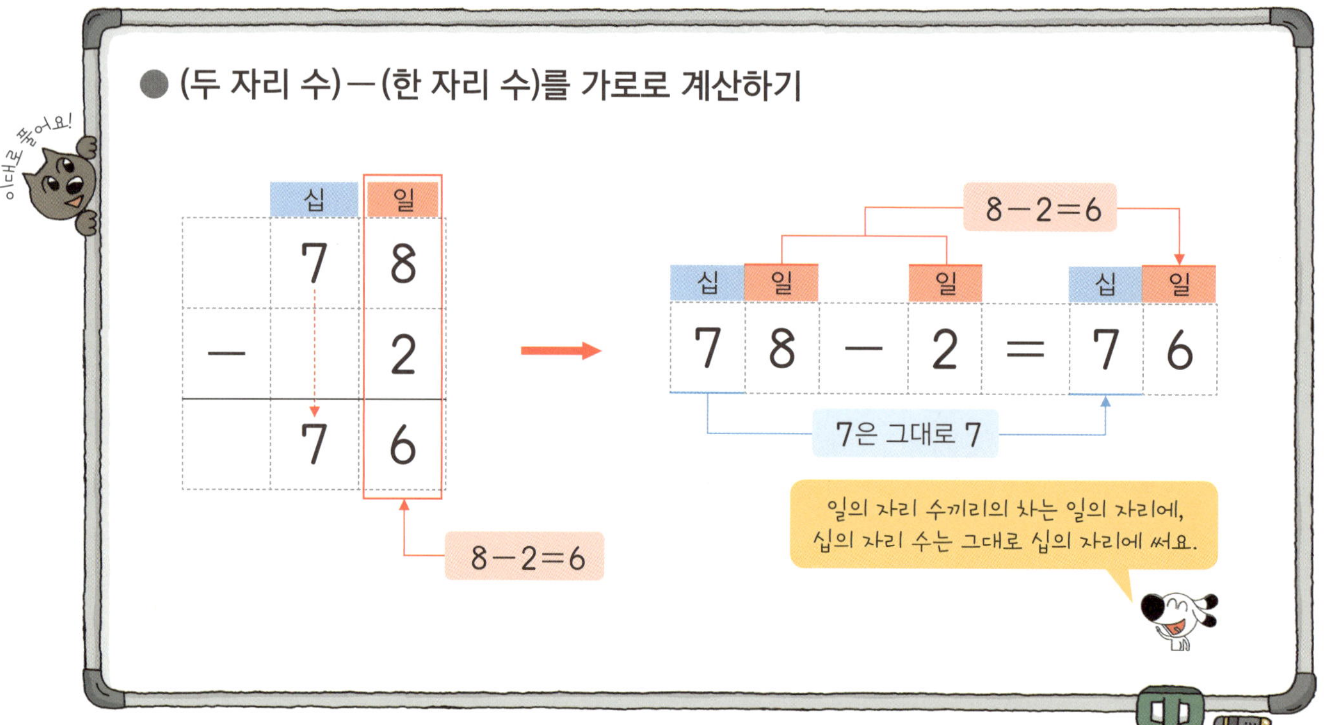

1.

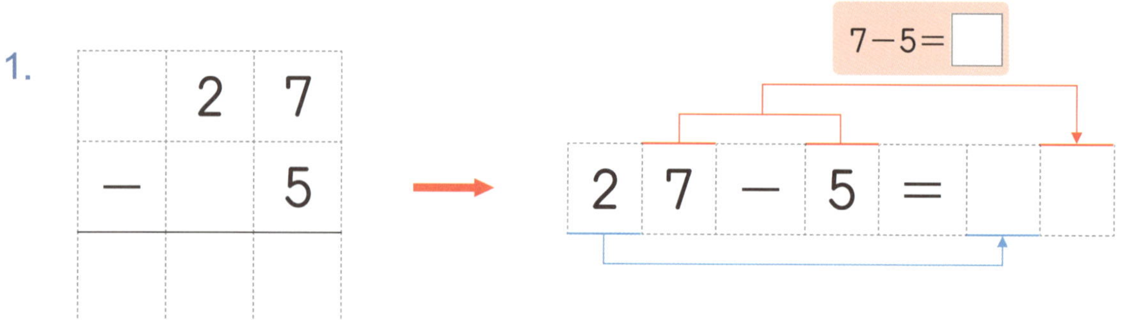

2.

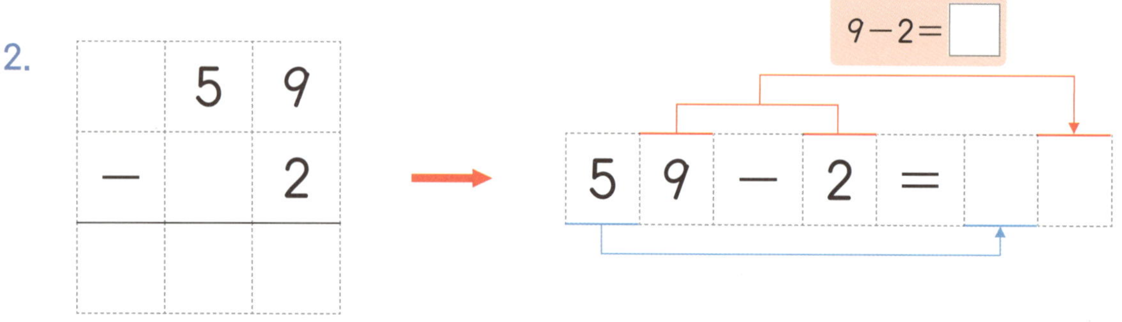

☆ 뺄셈을 하세요.

1.
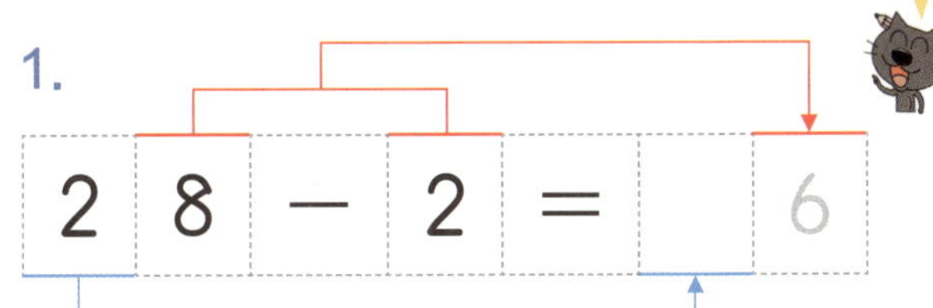

$$2\;8\;-\;2\;=\;\boxed{6}$$

2.
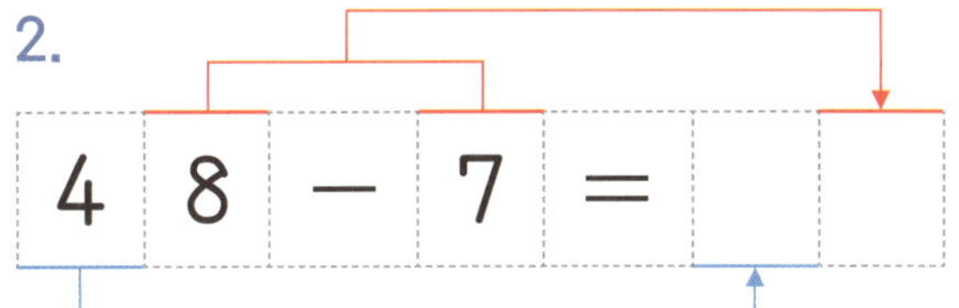

$$4\;8\;-\;7\;=$$

3.
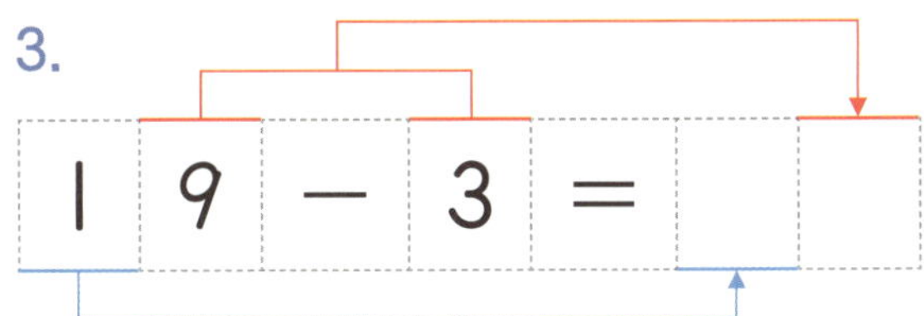

$$1\;9\;-\;3\;=$$

4.
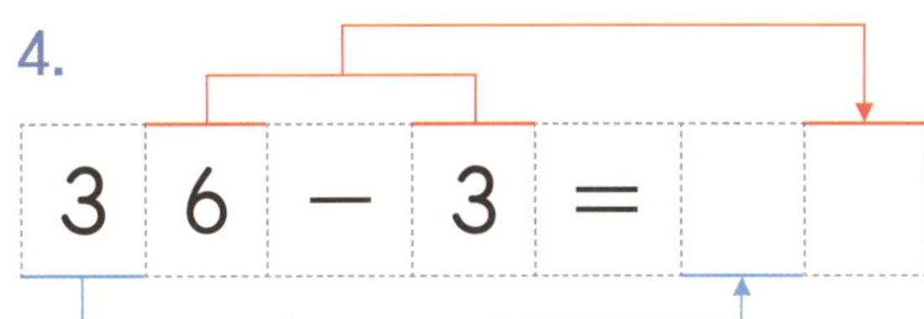

$$3\;6\;-\;3\;=$$

5.
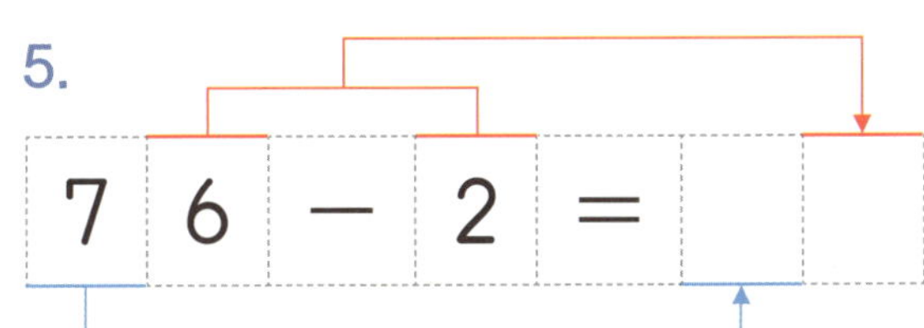

$$7\;6\;-\;2\;=$$

6.
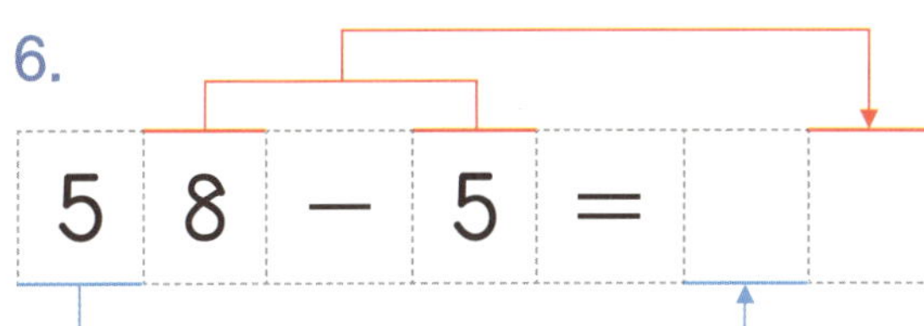

$$5\;8\;-\;5\;=$$

7.
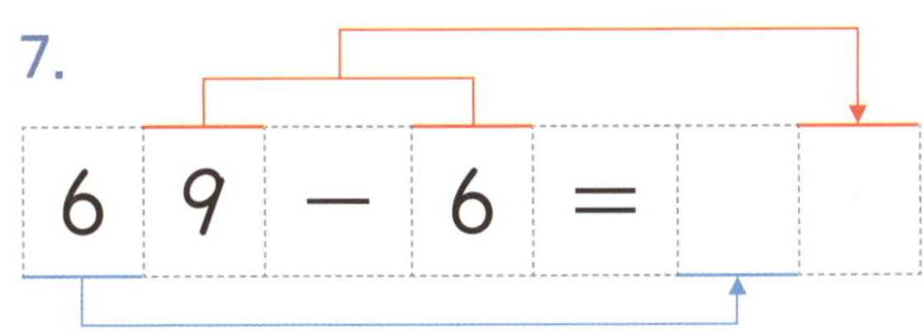

$$6\;9\;-\;6\;=$$

8.
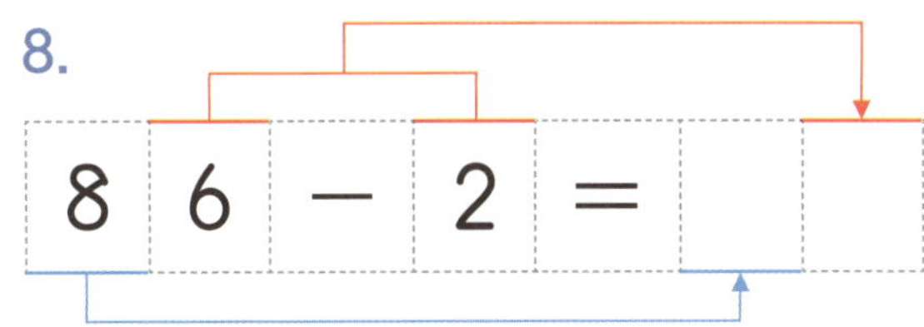

$$8\;6\;-\;2\;=$$

9.
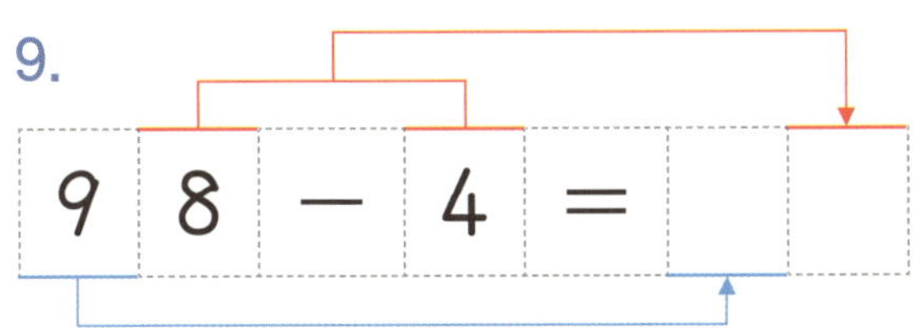

$$9\;8\;-\;4\;=$$

10.
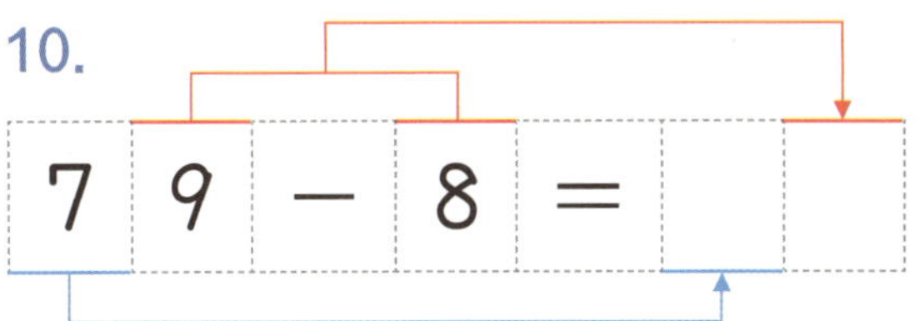

$$7\;9\;-\;8\;=$$

1.

$4\ 5\ -\ 2\ =\ \boxed{3}$

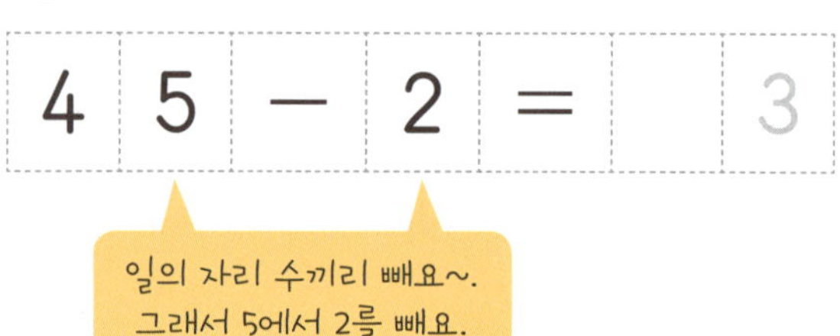

2.

$3\ 6\ -\ 1\ =$

3.

$2\ 8\ -\ 6\ =$

4.

$9\ 7\ -\ 4\ =$

5.

$5\ 7\ -\ 5\ =$

6.

$7\ 2\ -\ 2\ =$

7.

$8\ 8\ -\ 2\ =$

8.

$6\ 8\ -\ 3\ =$

9.

$9\ 9\ -\ 9\ =$

10.

$8\ 7\ -\ 6\ =$

⭐ 뺄셈을 하세요.

1.
5 8 − 6 =

2.
8 3 − 3 =

3.
4 7 − 4 =

4.
6 5 − 2 =

5.
8 9 − 8 =

6.
7 6 − 4 =

7.
9 8 − 5 =

8.
3 8 − 2 =

9.
7 9 − 7 =

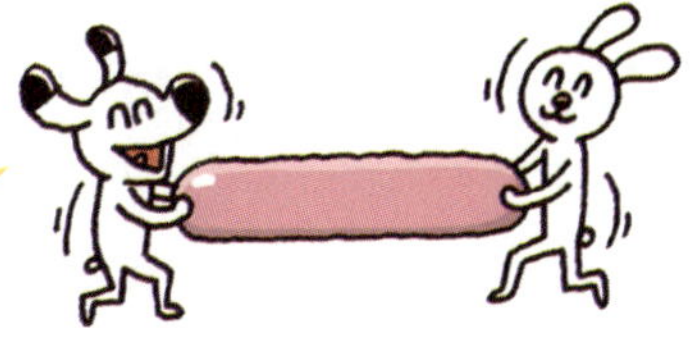

⭐ 뺄셈을 하고 차가 같은 것끼리 이으세요.

	2	5
−		3

	5	4
−		3

	5	6
−		5

	2	9
−		4

	2	7
−		2

	4	7
−		5

	4	8
−		6

	2	6
−		4

⭐ 뺄셈을 하고 차가 같은 것끼리 이으세요.

	3	7
−		5

●

	3	9
−		6

●

	4	8
−		2

●

	4	7
−		3

●

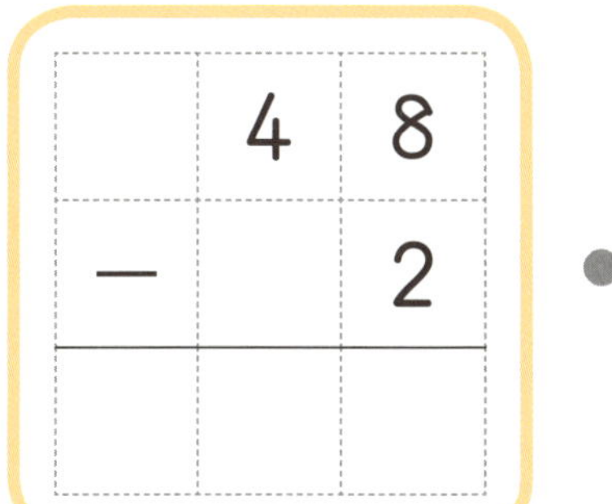

	3	6
−		3

●

	3	6
−		4

●

	4	9
−		5

●

	4	9
−		3

●

⭐ 뺄셈을 하고 차가 같은 것끼리 이으세요.

	6	9
−		4

	8	7
−		2

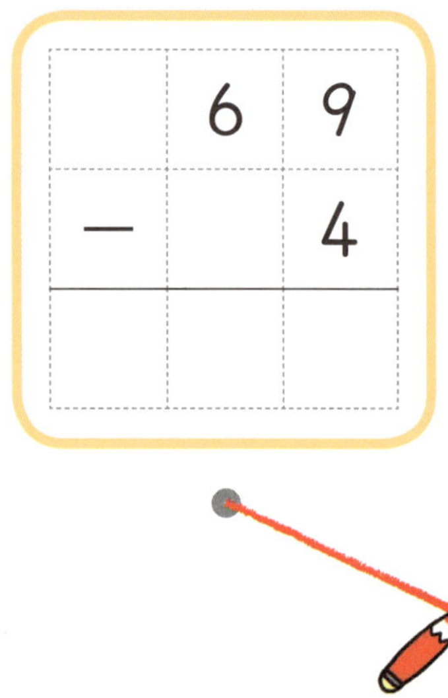
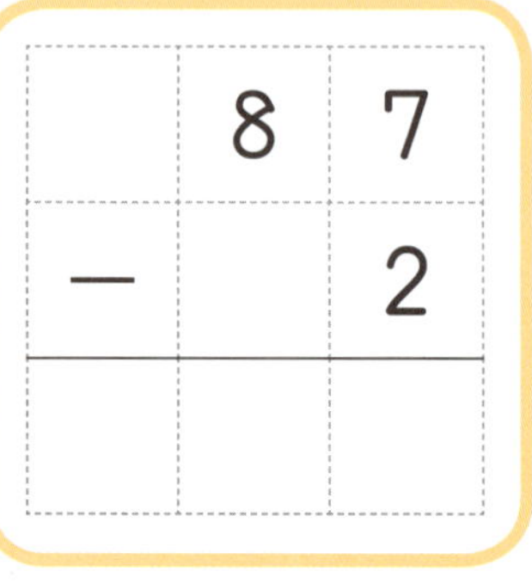

| 8 | 6 | − | 1 | = | | |

| 6 | 8 | − | 3 | = | | |

	6	7
−		2

	8	8
−		3

⭐ 뺄셈을 하고 차가 같은 것끼리 이으세요.

	7	9
−		6

	7	8
−		2

| 7 | 6 | − | 3 | = | | |

| 7 | 7 | − | 1 | = | | |

	7	9
−		3

	7	5
−		2

⭐ 뺄셈을 하세요.

● (몇십)−(몇십) 계산하기

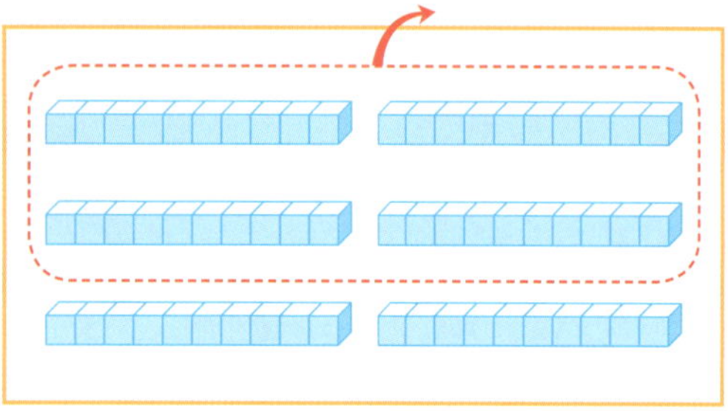

십	일
6	0
− 4	0
2	0

● (두 자리 수)−(두 자리 수)를 세로로 계산하기

십	일
9	7
− 3	2
6	5

$9-3=6$ $7-2=5$

1.

십	일
8	0
− 6	0
	0

2.

십	일
5	8
− 2	6
	2

3.

십	일
7	6
− 1	4

⭐ 뺄셈을 하세요.

1.

```
   7 0
 - 3 0
```

2.

```
   9 0
 - 5 0
```


3.

```
   6 3
 - 4 0
```

4.

```
   3 5
 - 1 4
```

5.

```
   4 7
 - 3 1
```

6.

```
   5 6
 - 2 1
```

7.

```
   7 2
 - 5 2
```

8.

```
   8 8
 - 6 3
```

9.

```
   9 9
 - 2 7
```

10.

```
   5 9
 - 4 6
```

11.

```
   6 5
 - 3 1
```

12.

```
   8 5
 - 1 4
```

⭐ **뺄셈을 하세요.**

1.
$$\begin{array}{r} 9\ 0 \\ -\ 1\ 0 \\ \hline \end{array}$$

2.
$$\begin{array}{r} 4\ 6 \\ -\ 2\ 0 \\ \hline \end{array}$$

3.
$$\begin{array}{r} 7\ 7 \\ -\ 5\ 3 \\ \hline \end{array}$$

4.
$$\begin{array}{r} 2\ 9 \\ -\ 1\ 1 \\ \hline \end{array}$$

5.
$$\begin{array}{r} 5\ 8 \\ -\ 4\ 6 \\ \hline \end{array}$$

6.
$$\begin{array}{r} 3\ 6 \\ -\ 3\ 2 \\ \hline \end{array}$$

7.
$$\begin{array}{r} 6\ 7 \\ -\ 3\ 2 \\ \hline \end{array}$$

8.
$$\begin{array}{r} 7\ 5 \\ -\ 2\ 4 \\ \hline \end{array}$$

9.
$$\begin{array}{r} 8\ 4 \\ -\ 6\ 1 \\ \hline \end{array}$$

10.
$$\begin{array}{r} 4\ 9 \\ -\ 2\ 5 \\ \hline \end{array}$$

11.
$$\begin{array}{r} 5\ 3 \\ -\ 1\ 2 \\ \hline \end{array}$$

12.
$$\begin{array}{r} 9\ 7 \\ -\ 4\ 6 \\ \hline \end{array}$$

⭐ 뺄셈을 하세요.

1.

$$\begin{array}{r} 4\;8 \\ -\;1\;2 \\ \hline \end{array}$$

2.

$$\begin{array}{r} 5\;4 \\ -\;1\;0 \\ \hline \end{array}$$

3.

$$\begin{array}{r} 6\;9 \\ -\;4\;1 \\ \hline \end{array}$$

4.

$$\begin{array}{r} 8\;7 \\ -\;2\;5 \\ \hline \end{array}$$

5.

$$\begin{array}{r} 7\;9 \\ -\;6\;4 \\ \hline \end{array}$$

6.

$$\begin{array}{r} 9\;3 \\ -\;8\;2 \\ \hline \end{array}$$

7.

$$\begin{array}{r} 6\;5 \\ -\;1\;2 \\ \hline \end{array}$$

8.

$$\begin{array}{r} 5\;7 \\ -\;4\;1 \\ \hline \end{array}$$

9.

$$\begin{array}{r} 8\;9 \\ -\;6\;2 \\ \hline \end{array}$$

10.

$$\begin{array}{r} 7\;4 \\ -\;5\;3 \\ \hline \end{array}$$

11.

$$\begin{array}{r} 9\;8 \\ -\;7\;3 \\ \hline \end{array}$$

☆ 뺄셈을 하세요.

● (두 자리 수)−(두 자리 수)를 가로로 계산하기

십 일
5 8
− 1 6
4 2

8−6=2

십 일   십 일   십 일
5 8 − 1 6 = 4 2

5−1=4

5−1=4

8−6=2

일의 자리 수끼리의 차는 일의 자리에,
십의 자리 수끼리의 차는 십의 자리에 써요.

1.

4 6
− 2 5

6−5=□

4 6 − 2 5 =

4−2=□

2.

7 9
− 3 6

9−6=□

7 9 − 3 6 =

7−3=□

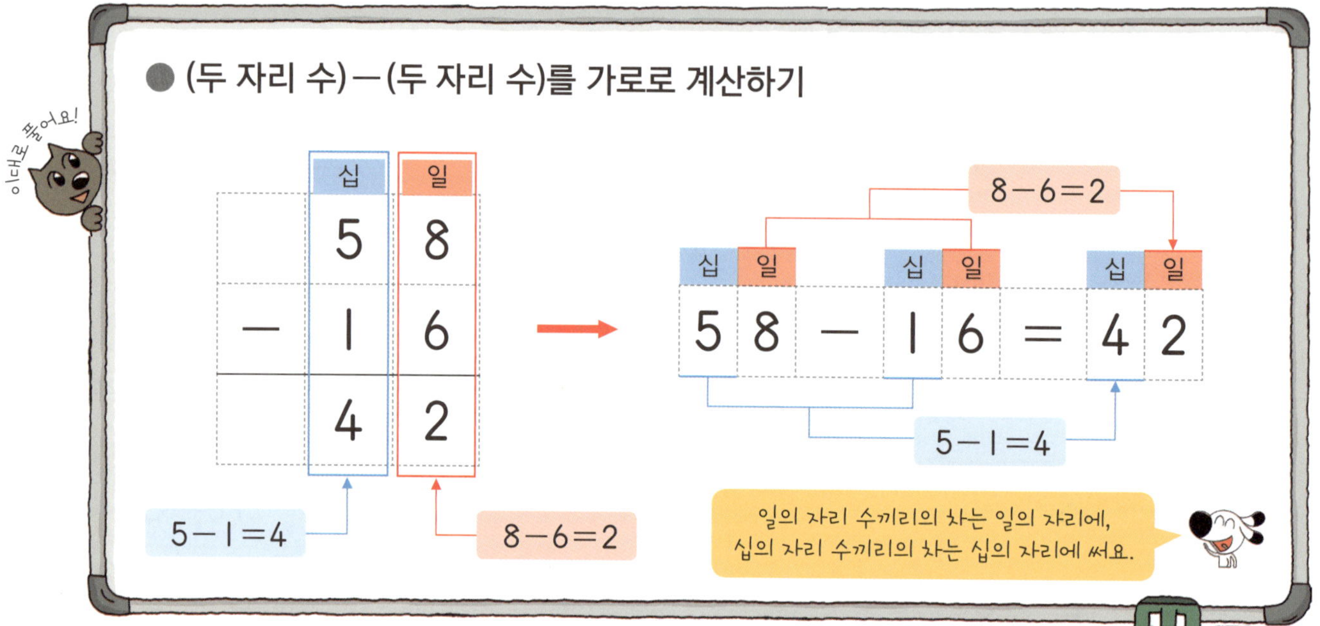

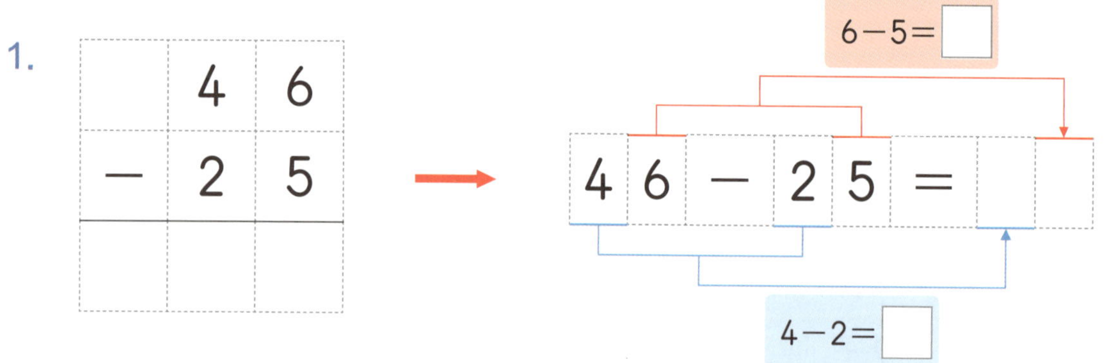

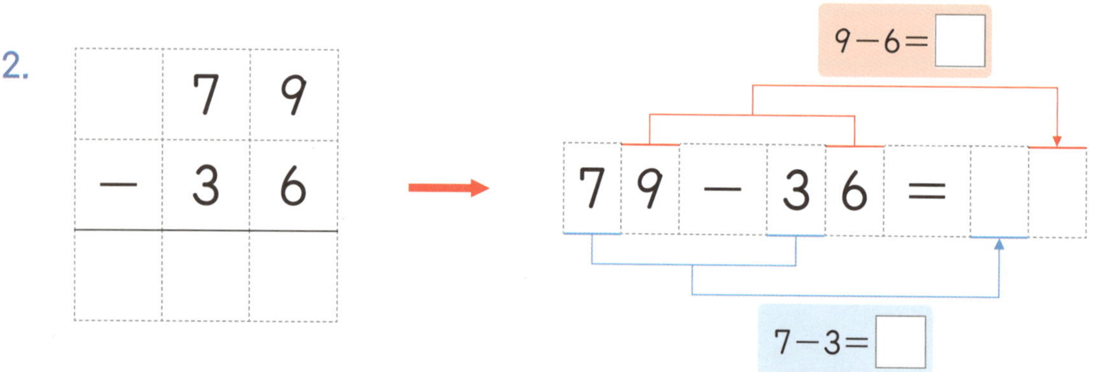

빨셈을 하세요.

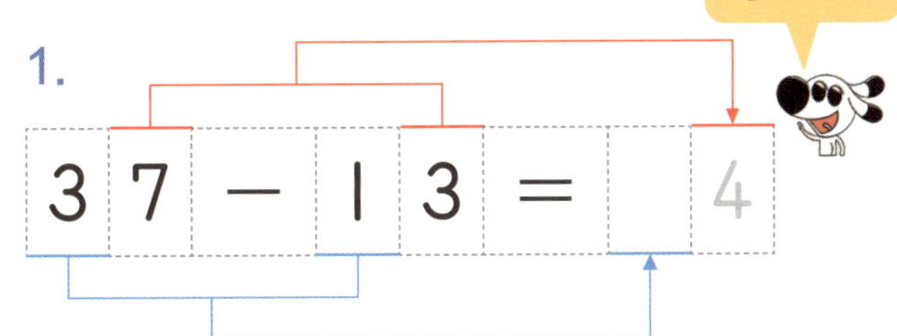

1.

$$37 - 13 =$$

2.

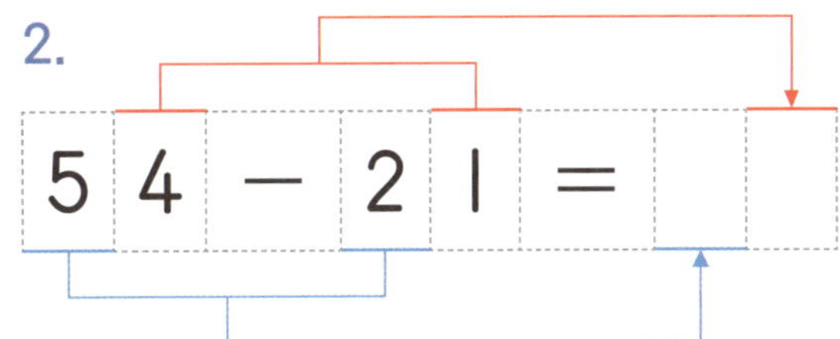

$$54 - 21 =$$

3.

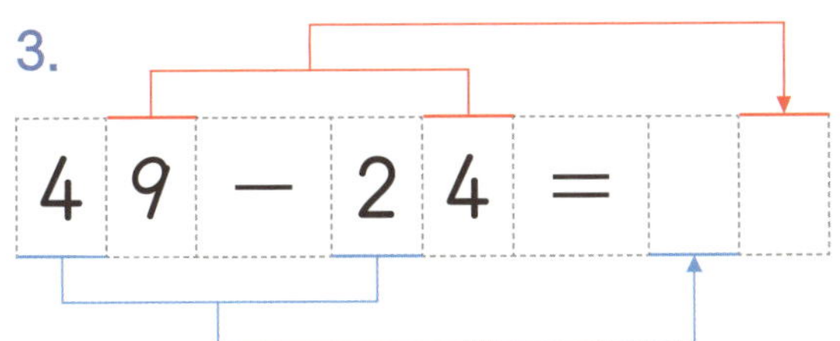

$$49 - 24 =$$

4.

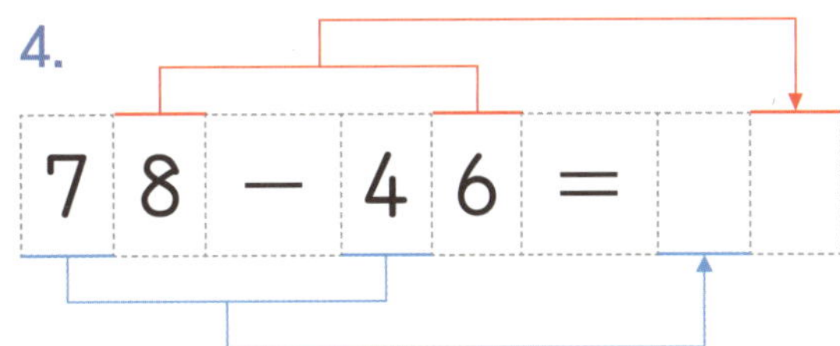

$$78 - 46 =$$

5.

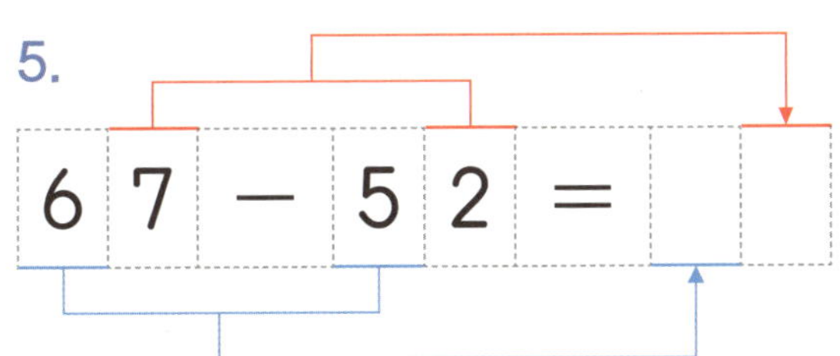

$$67 - 52 =$$

6.

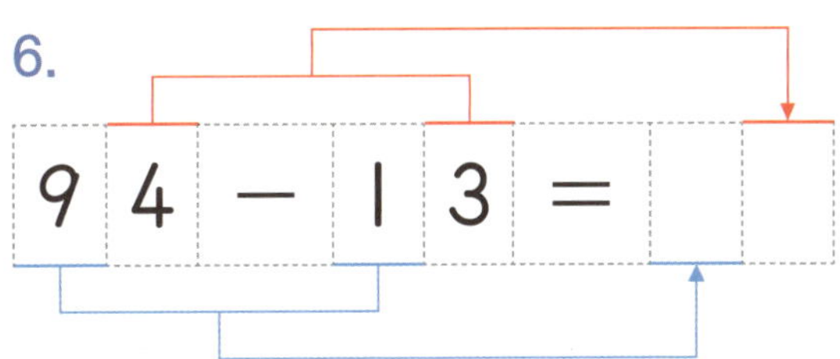

$$94 - 13 =$$

7.

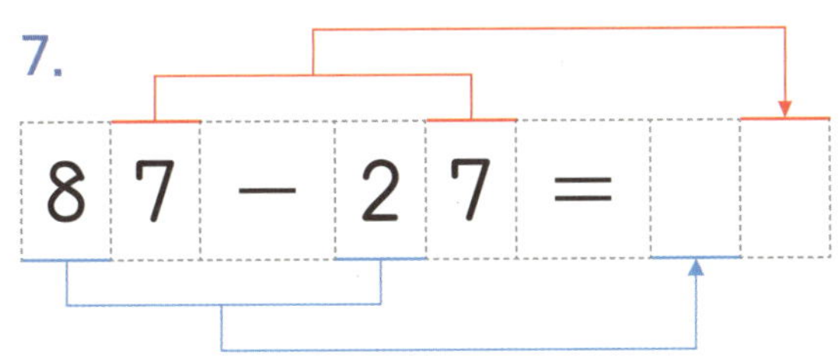

$$87 - 27 =$$

8.

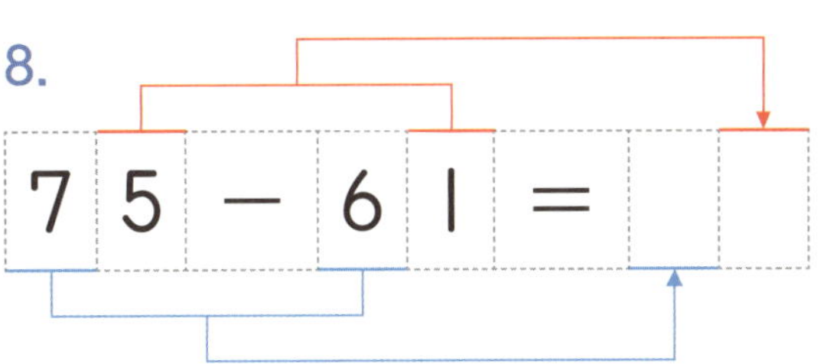

$$75 - 61 =$$

9.

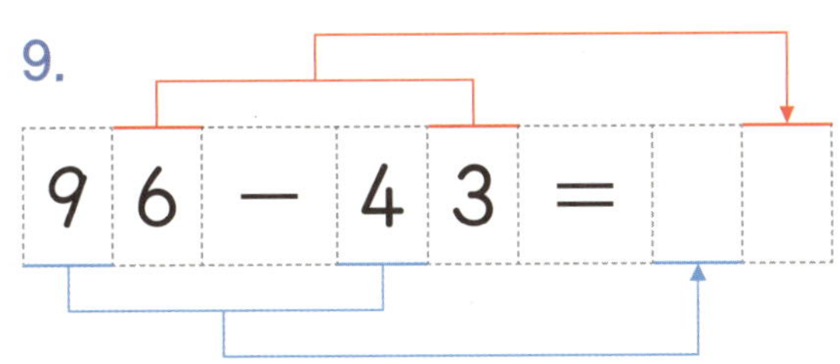

$$96 - 43 =$$

10.

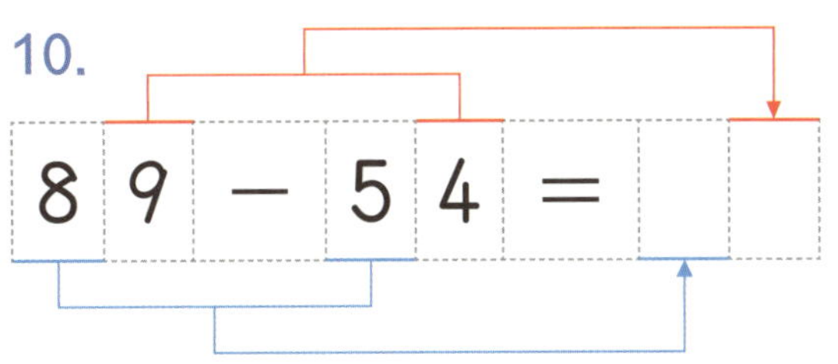

$$89 - 54 =$$

1.

4 7 − 1 6 =

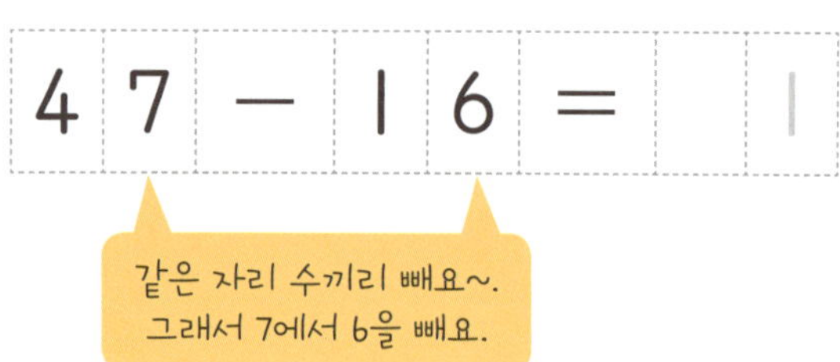

2.

6 5 − 2 3 =

3.

7 5 − 4 2 =

4.

8 9 − 2 8 =

5.

8 6 − 1 4 =

6.

9 8 − 7 4 =

7.

7 8 − 5 1 =

8.

8 7 − 3 3 =

9.

9 6 − 6 5 =

10.

6 4 − 4 1 =

☆ 뺄셈을 하세요.

1.
$$6\ 7\ -\ 1\ 4\ =\ \ $$

2.
$$8\ 3\ -\ 5\ 1\ =\ \ $$

3.
$$5\ 5\ -\ 3\ 2\ =\ \ $$

4.
$$9\ 4\ -\ 2\ 2\ =\ \ $$

5.
$$7\ 9\ -\ 2\ 7\ =\ \ $$

6.
$$8\ 5\ -\ 7\ 3\ =\ \ $$

7.
$$6\ 9\ -\ 3\ 6\ =\ \ $$

8.
$$4\ 4\ -\ 1\ 4\ =\ \ $$

9.
$$9\ 7\ -\ 3\ 1\ =\ \ $$

21. 두 자리 수끼리의 뺄셈

 뺄셈을 하고 차가 같은 것끼리 이으세요.

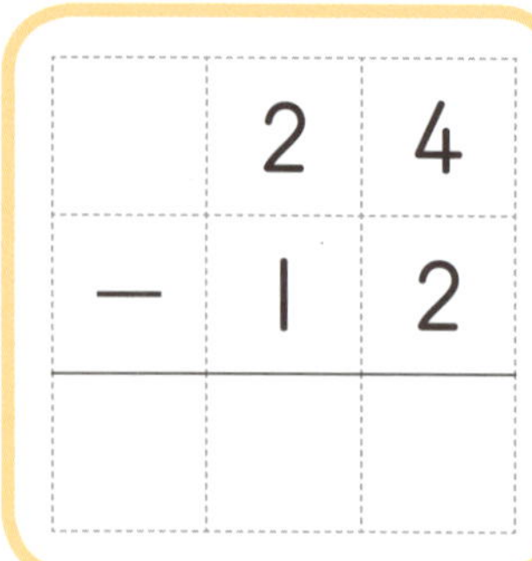

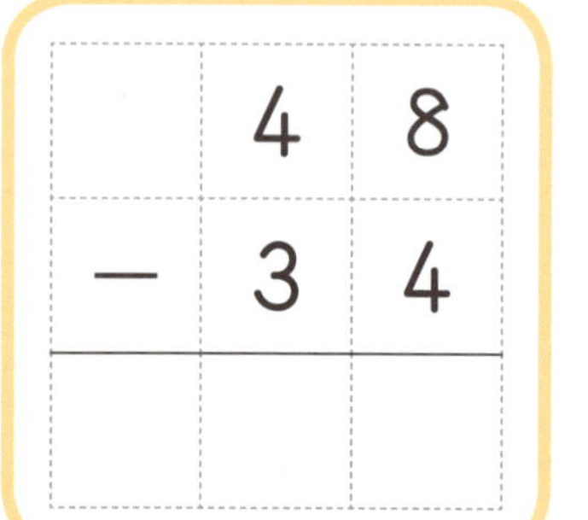

	2	4
−	1	2

	4	9
−	2	5

	5	7
−	3	5

	3	6
−	2	2

	4	8
−	3	4

	5	7
−	4	5

	6	6
−	4	2

	7	4
−	5	2

	4	6
−	2	3

	3	8
−	2	5

	6	5
−	3	3

	5	6
−	3	3

	5	8
−	4	5

	7	9
−	4	5

	8	7
−	5	3

	9	4
−	6	2

★ 뺄셈을 하고 차가 같은 것끼리 이으세요.

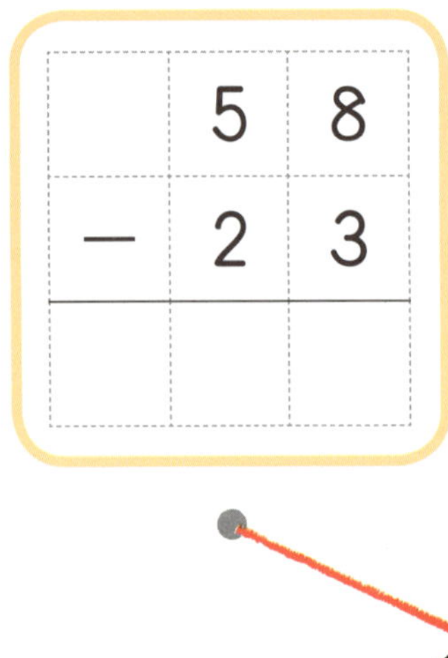

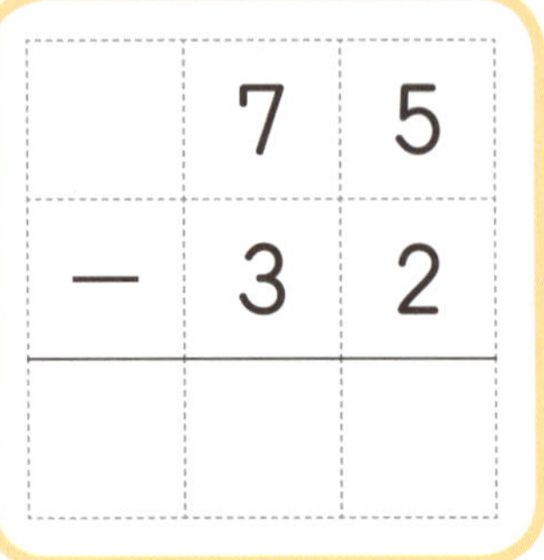

8 5 − 5 0 =

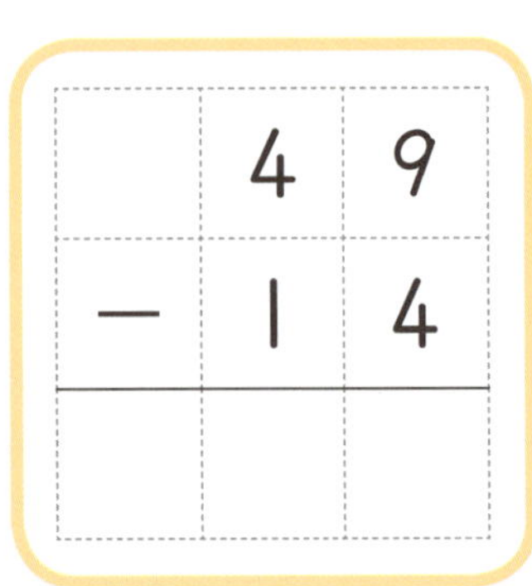

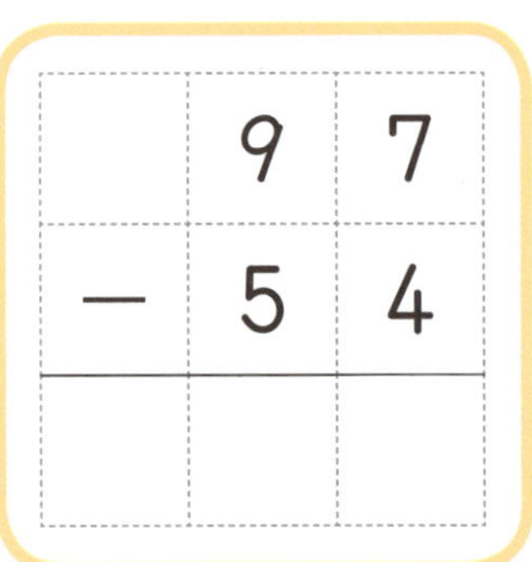

⭐ **뺄셈을 하고 차가 같은 것끼리 이으세요.**

	3	9
−	1	5

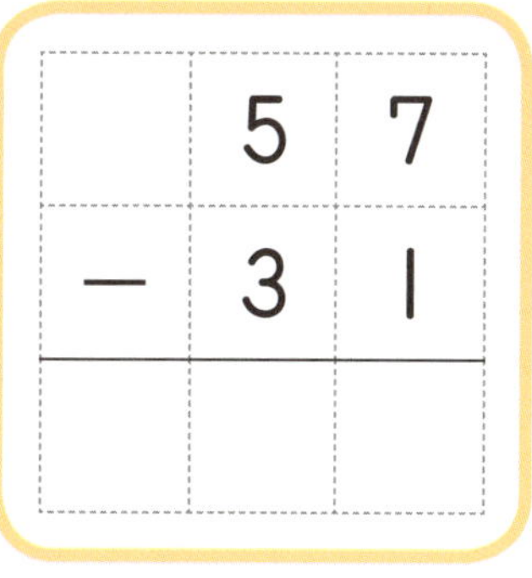

	5	7
−	3	1

$$7\ 8 - 5\ 2 = \boxed{}$$

$$9\ 6 - 7\ 2 = \boxed{}$$

	6	9
−	4	3

	8	8
−	6	4

⭐ 빈 곳에 알맞은 수를 써넣으세요.

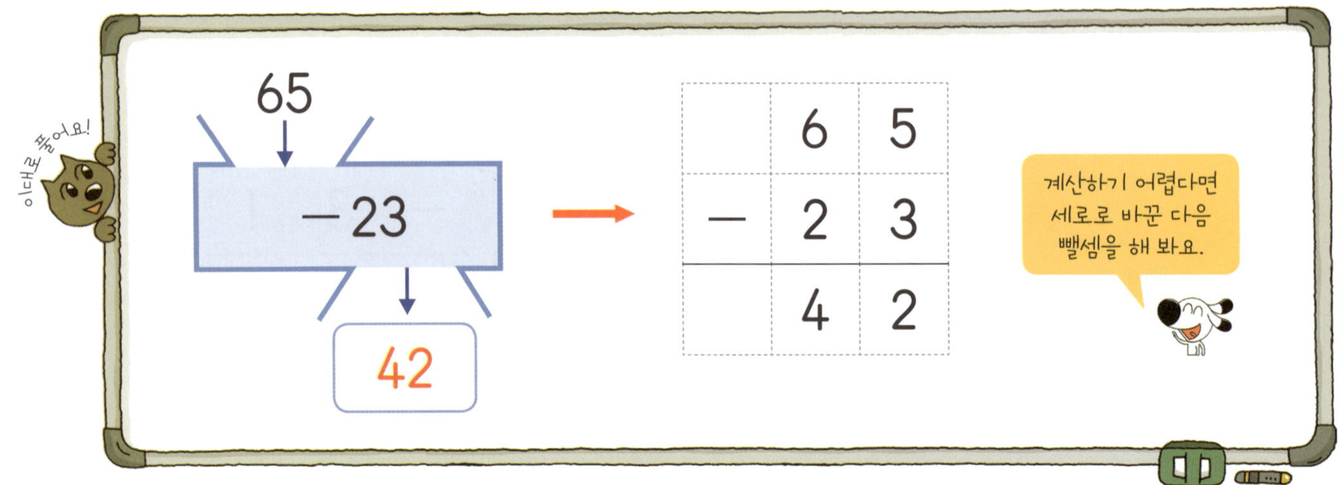

1.

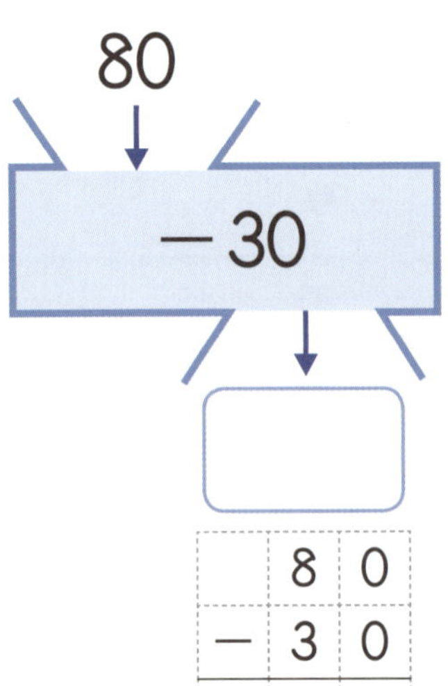

2.

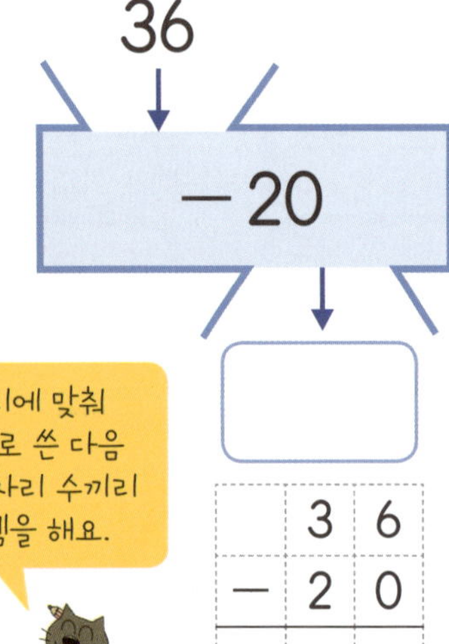

3.

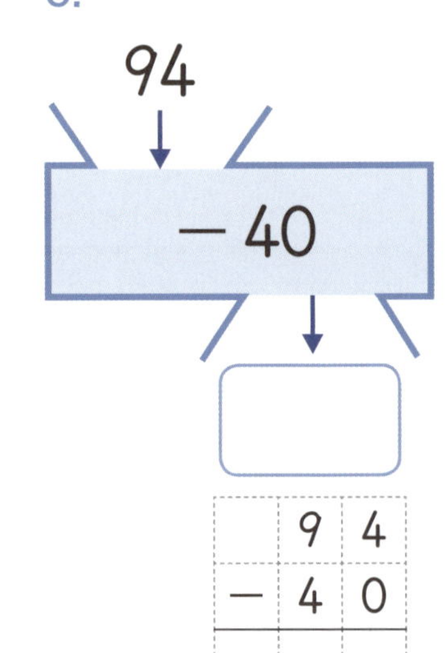

4.

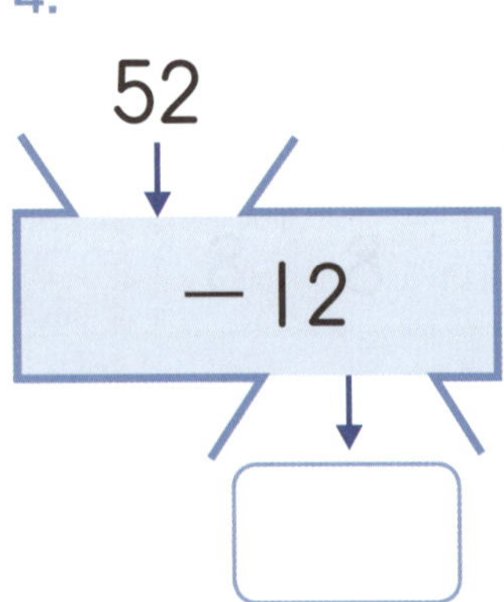

5.

6.

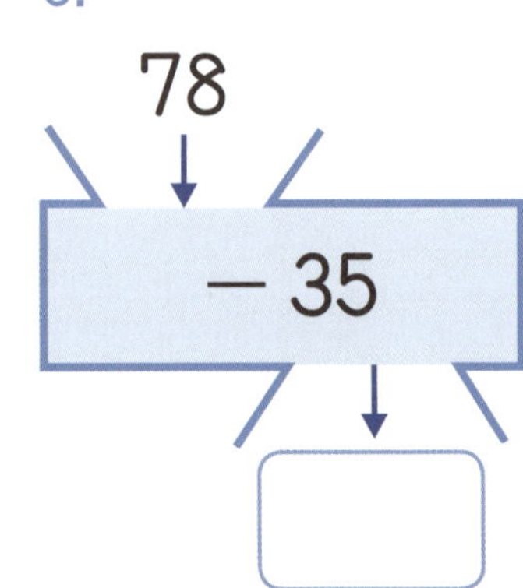

⭐ 빈 곳에 알맞은 수를 써넣으세요.

1.

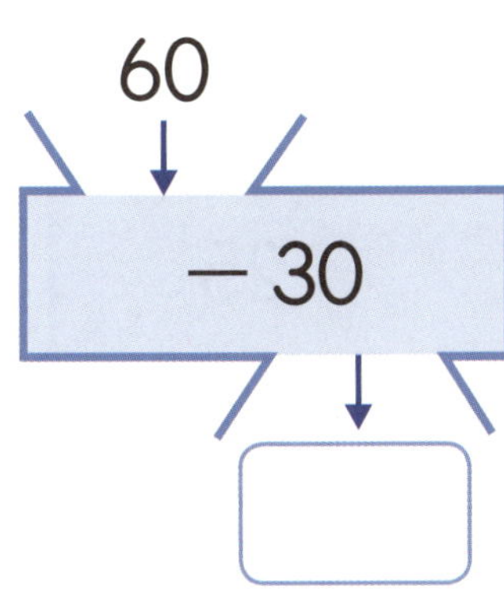

2.

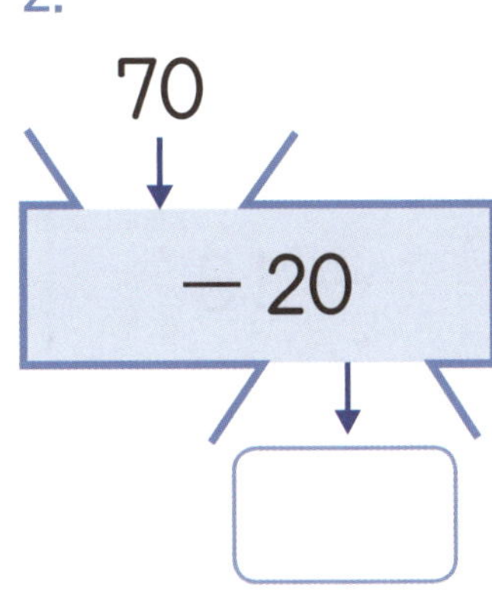

3.

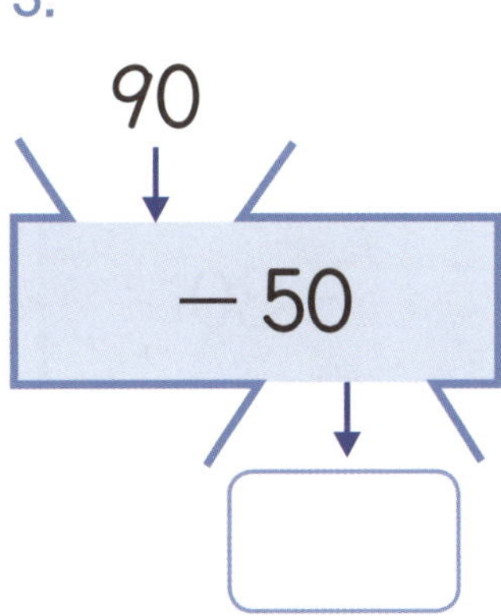

4.

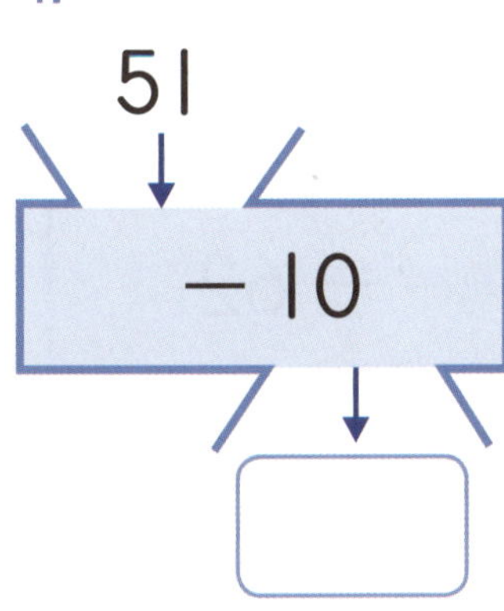

5.

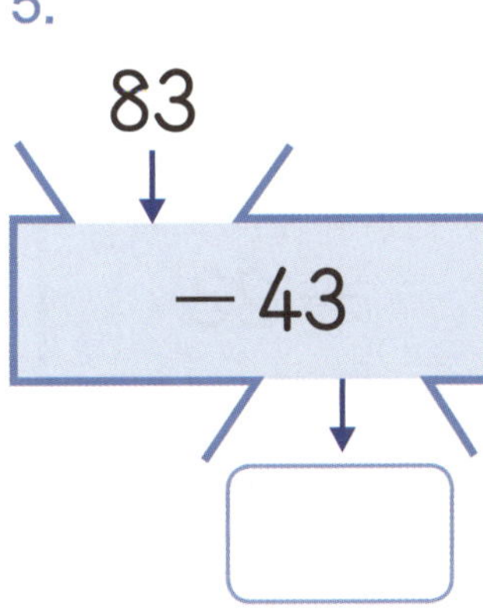

6.

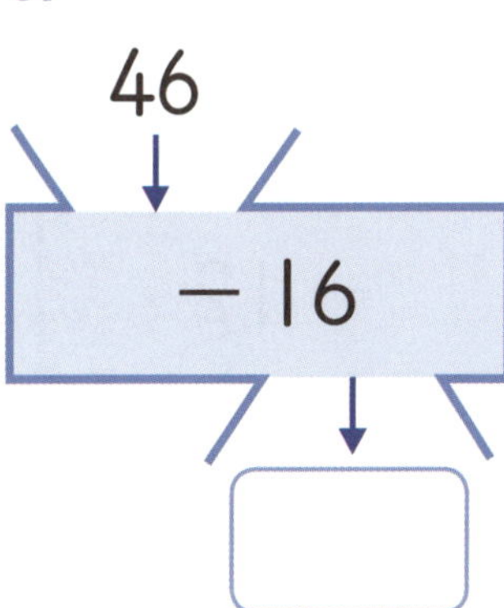

7.

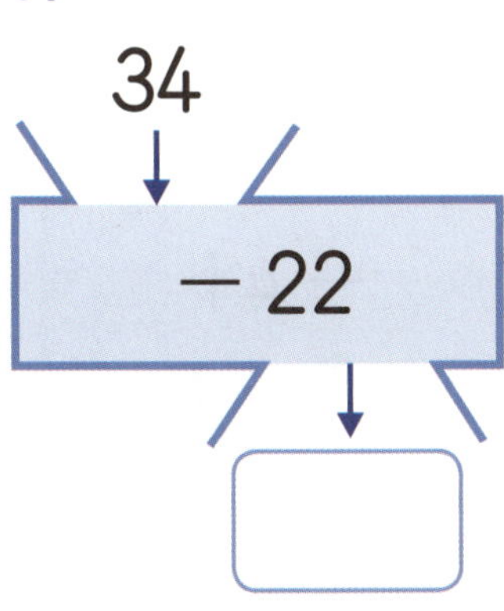

8.

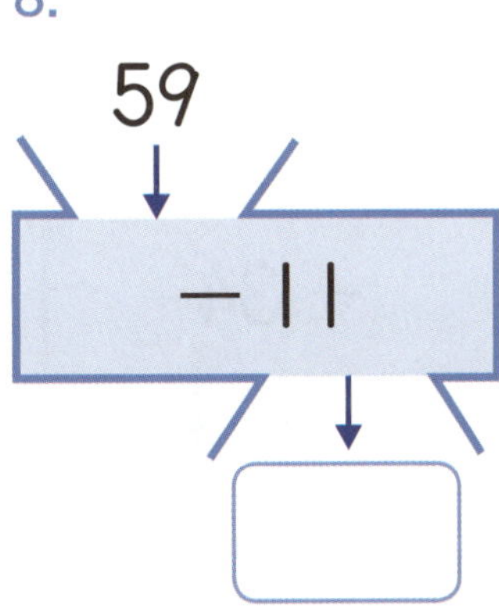

9.

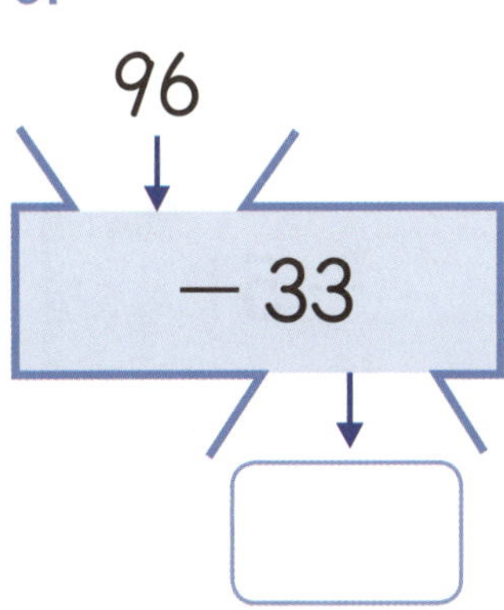

 빈 곳에 알맞은 수를 써넣으세요.

1.

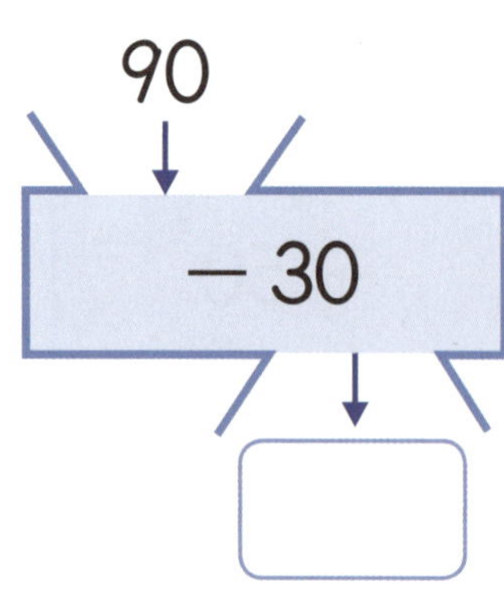

2.

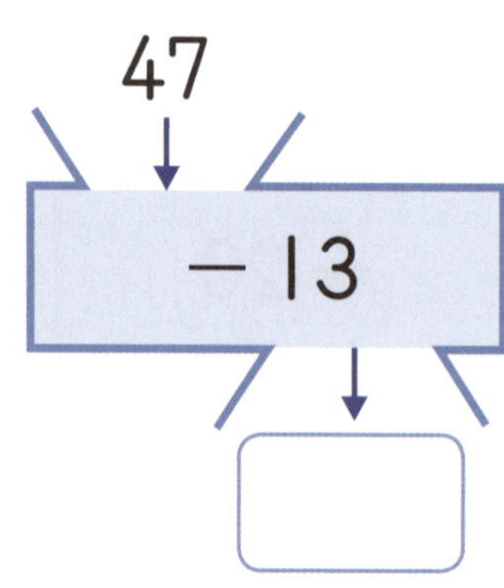

3.

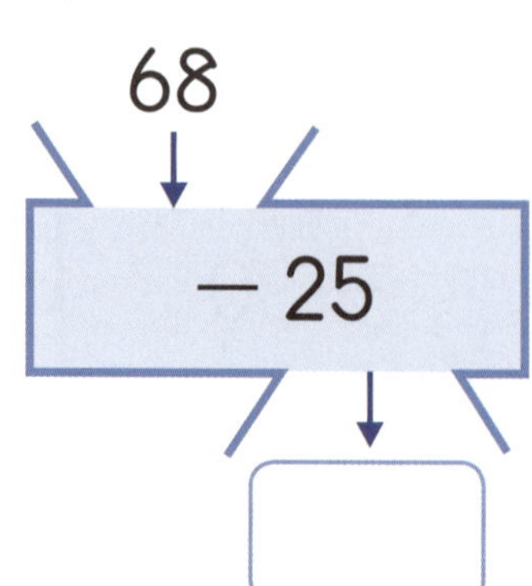

4.

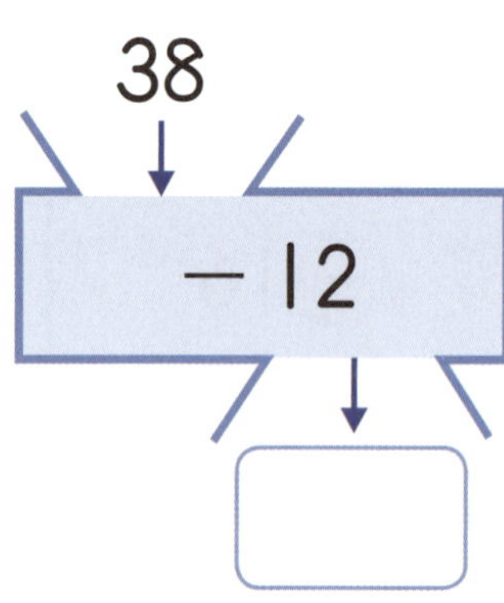

5.

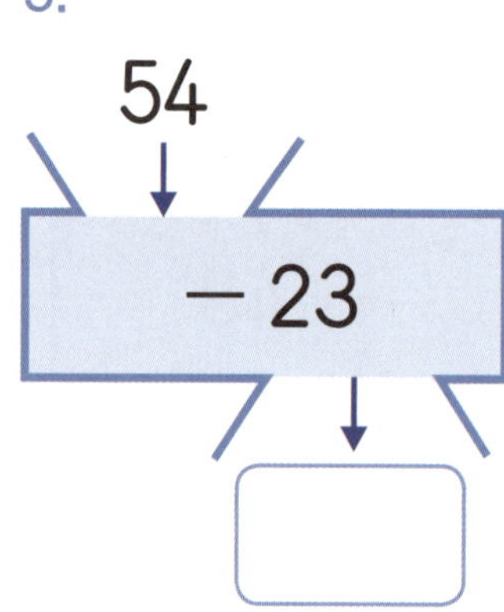

6.

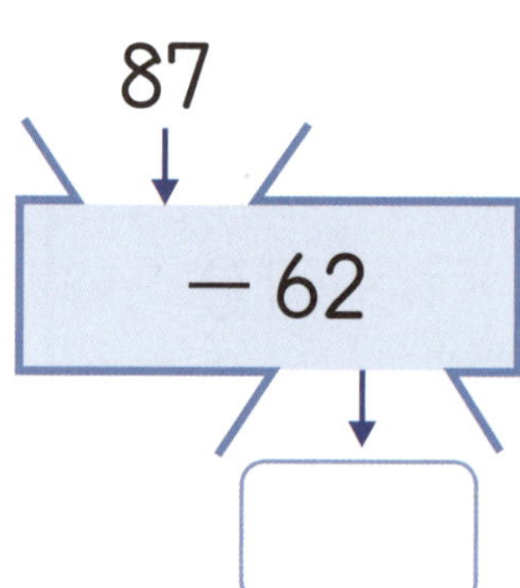

7.

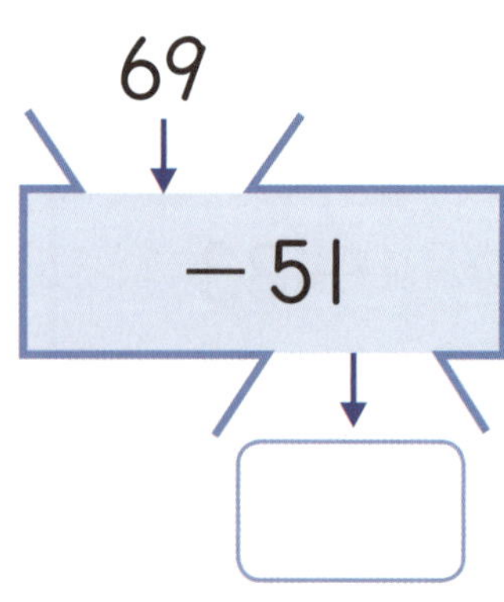

8.

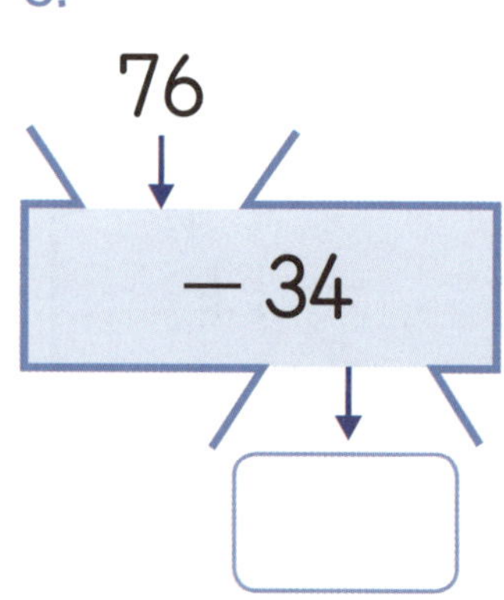

9.

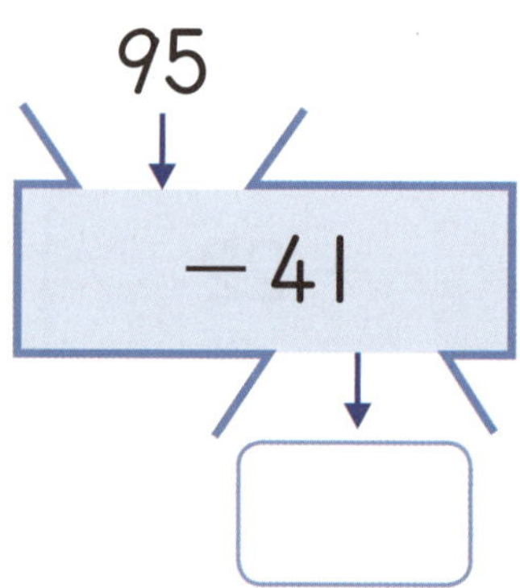

☆ 빈 곳에 알맞은 수를 써넣으세요.

1.

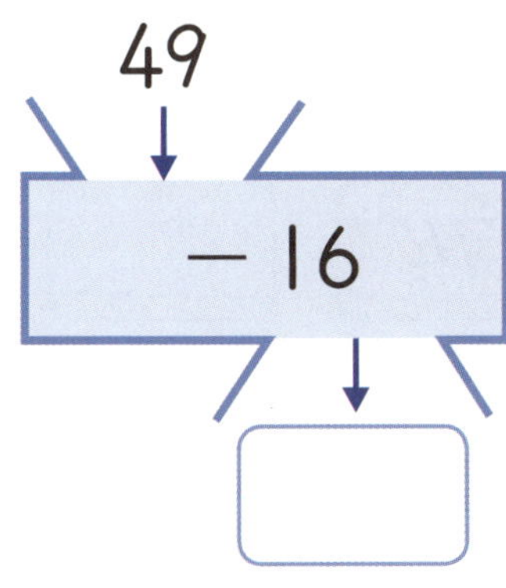

49

−16

2.

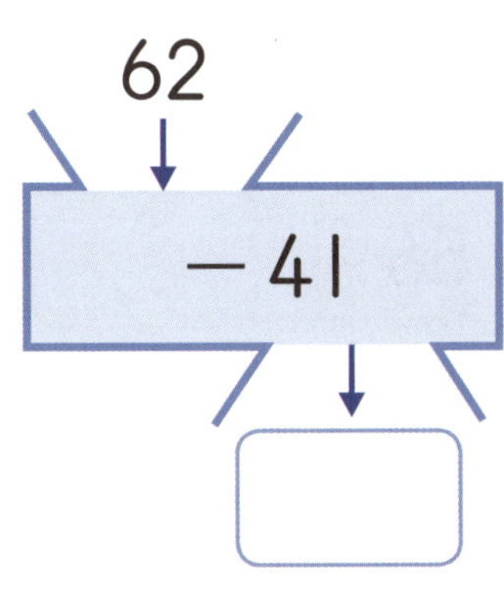

62

−41

3.

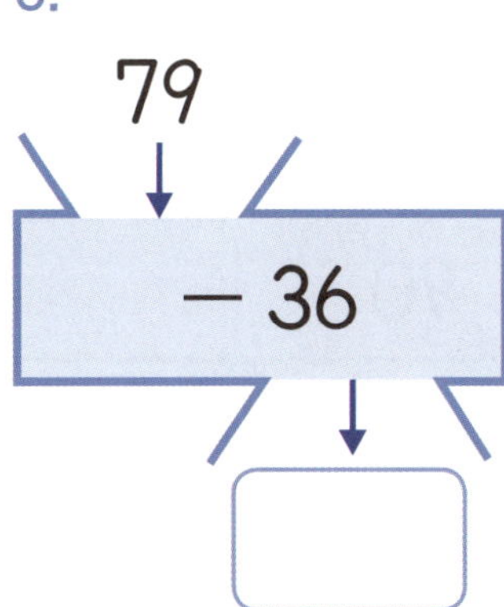

79

−36

4.

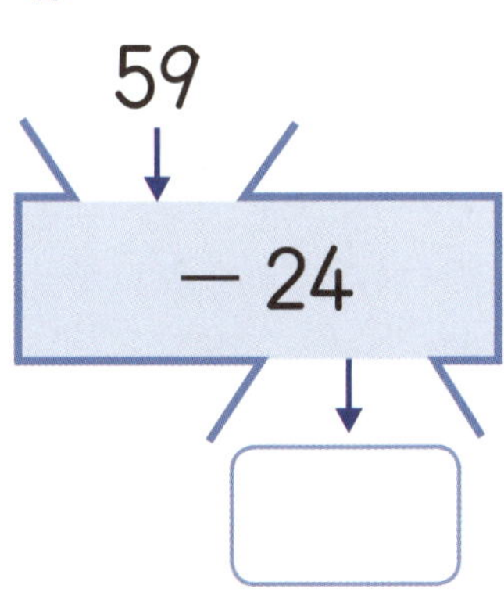

59

−24

5.

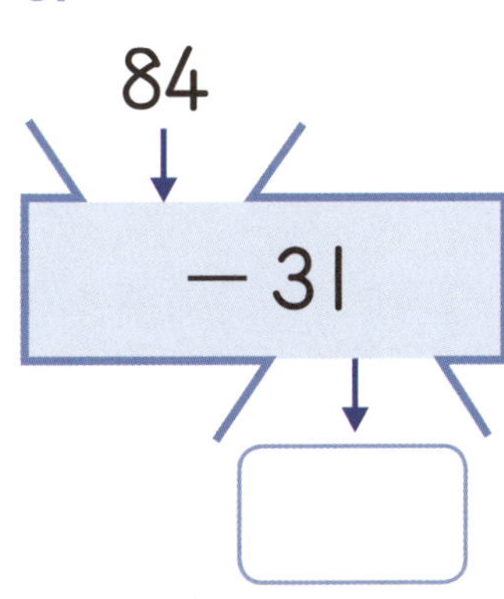

84

−31

6.

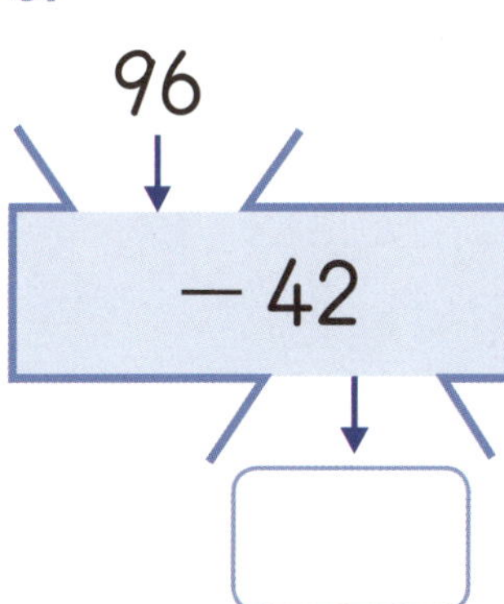

96

−42

7.

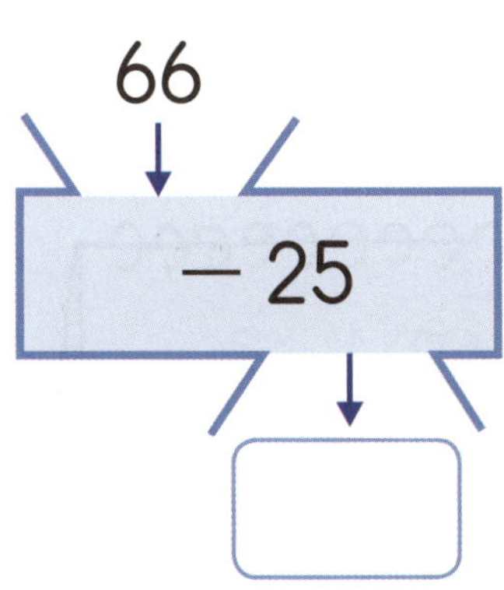

66

−25

8.

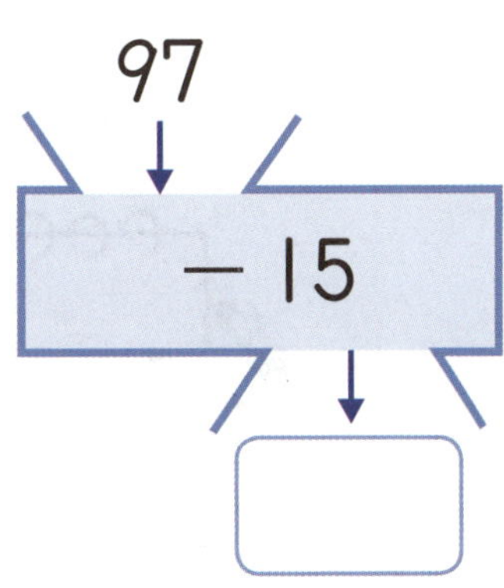

97

−15

⭐ 빈 곳에 알맞은 수를 써넣으세요.

1.

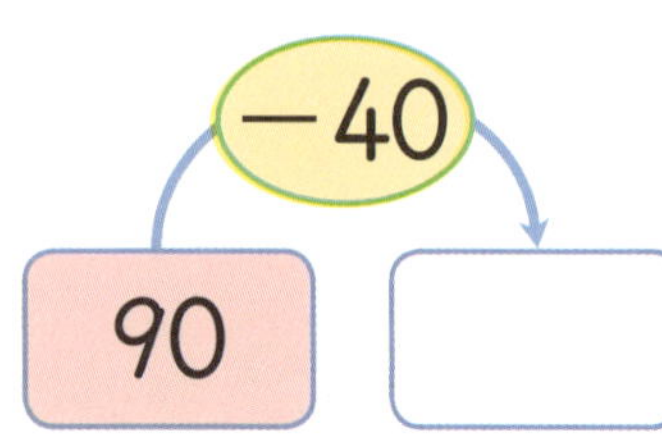

-40

90

2.

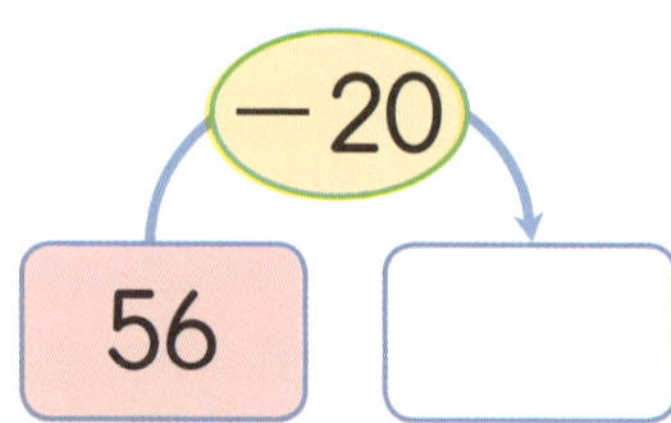

-20

56

3.

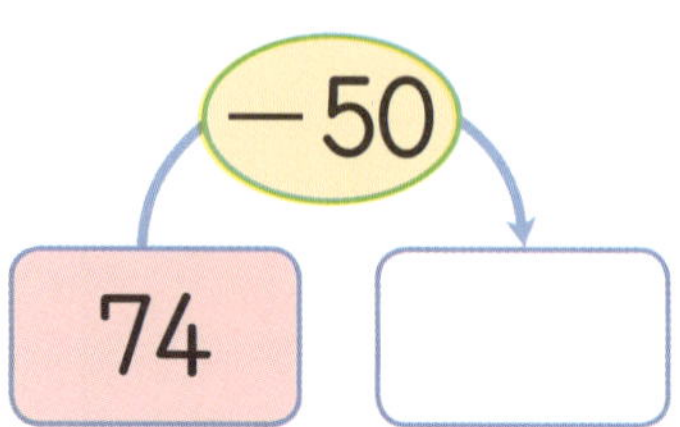

-50

74

4.

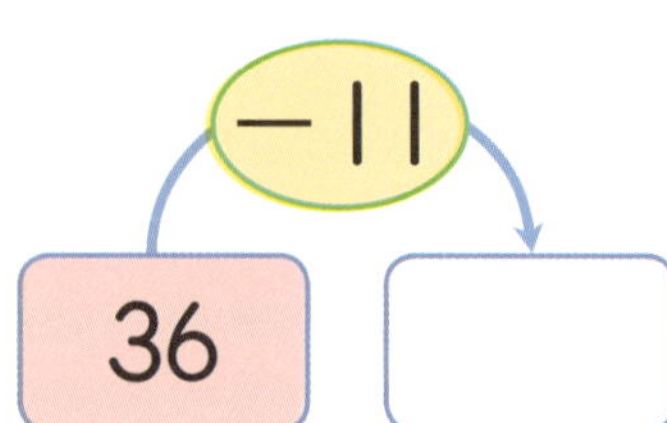

-11

36

5.

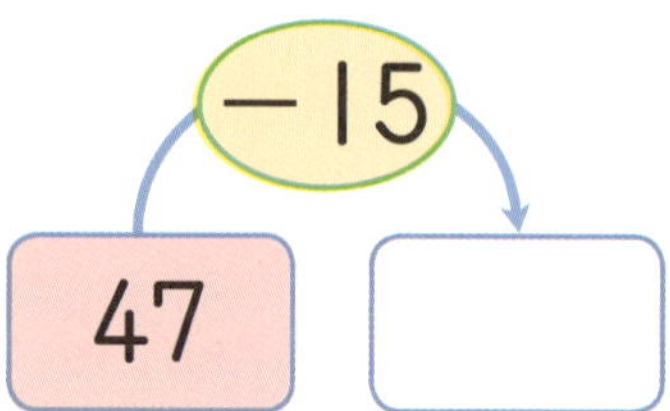

-15

47

6.

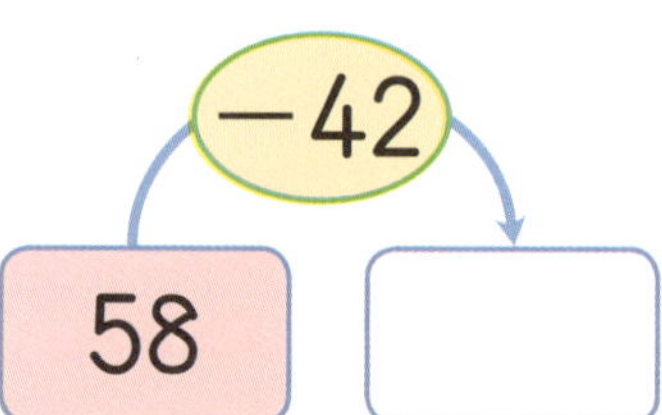

-42

58

7.

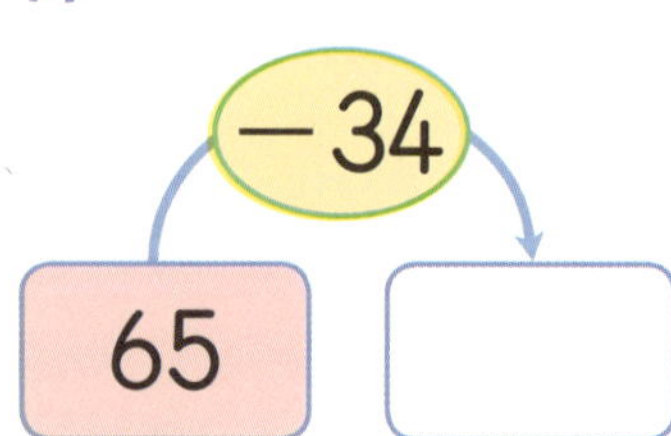

-34

65

8.

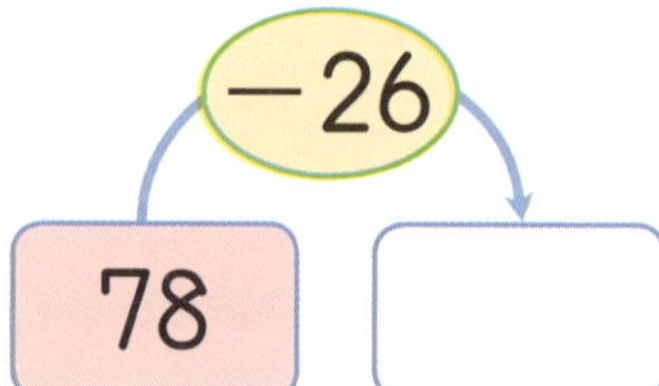

-26

78

9.

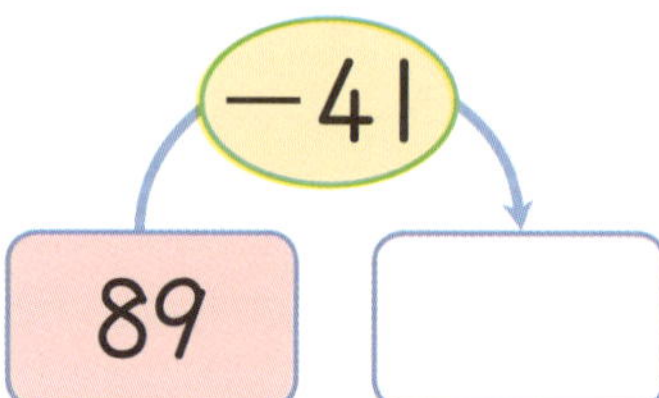

-41

89

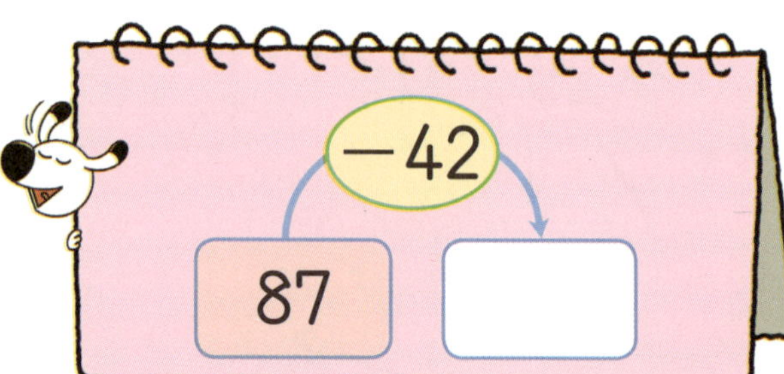

1.

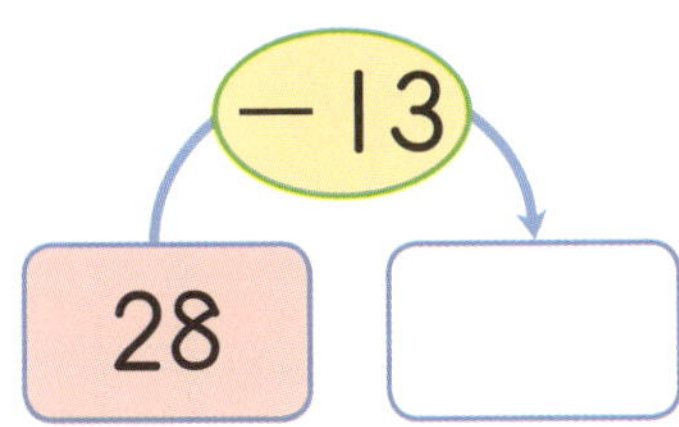

2.

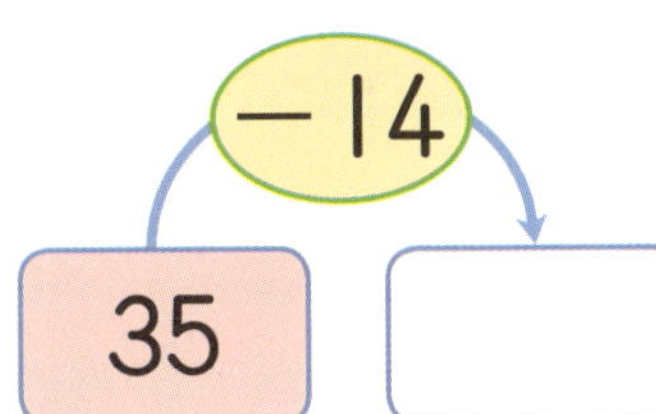

3.

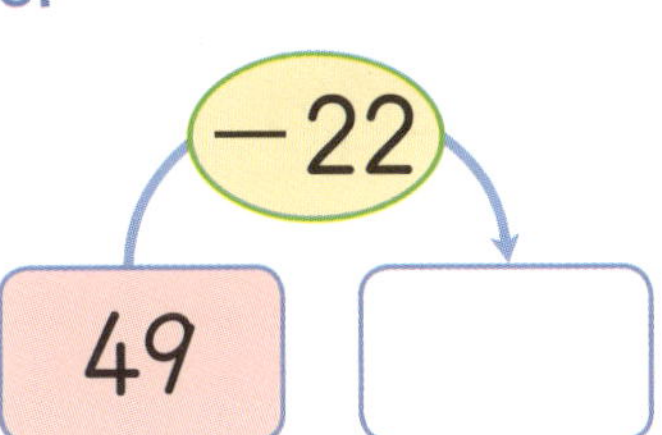

4.

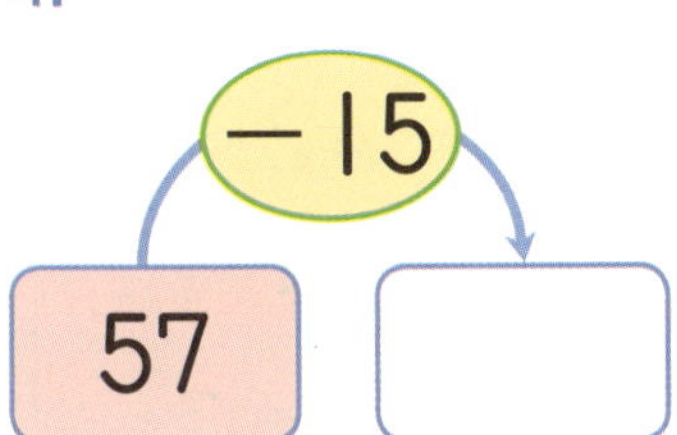

5.

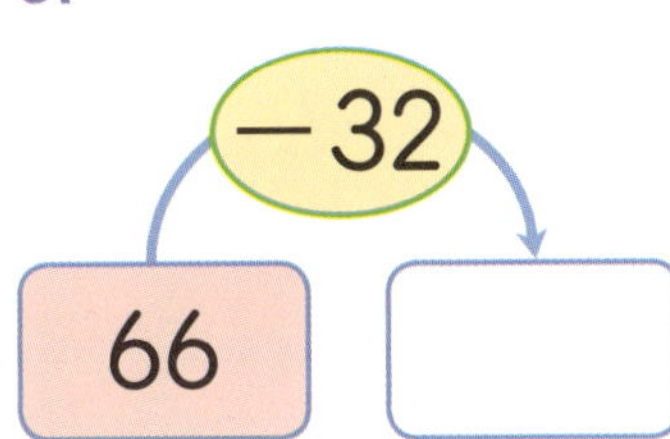

6.

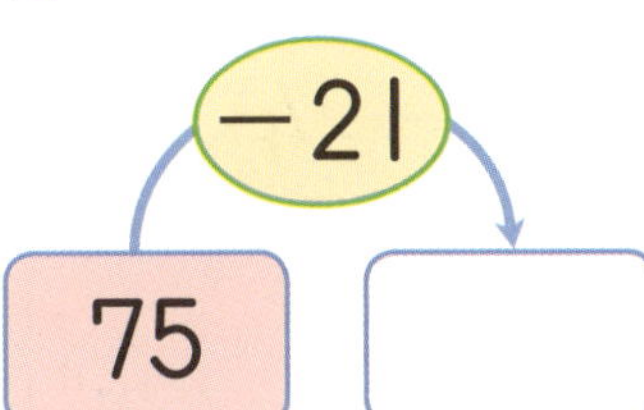

7.

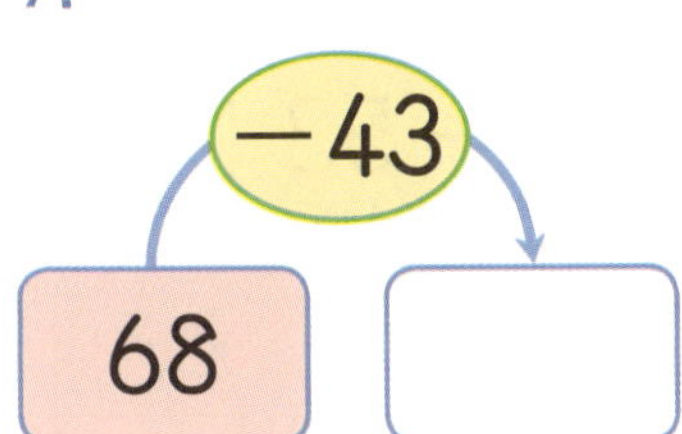

8.

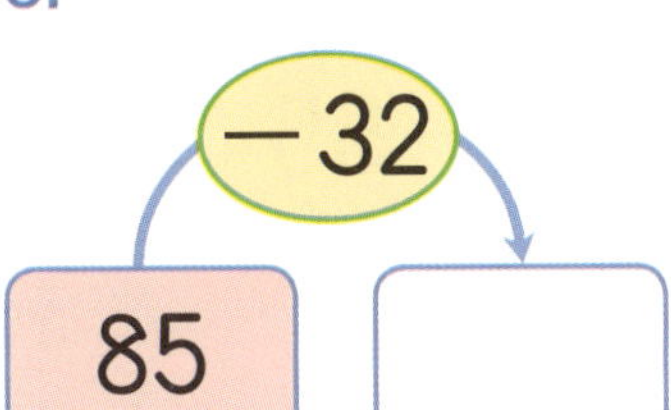

9.

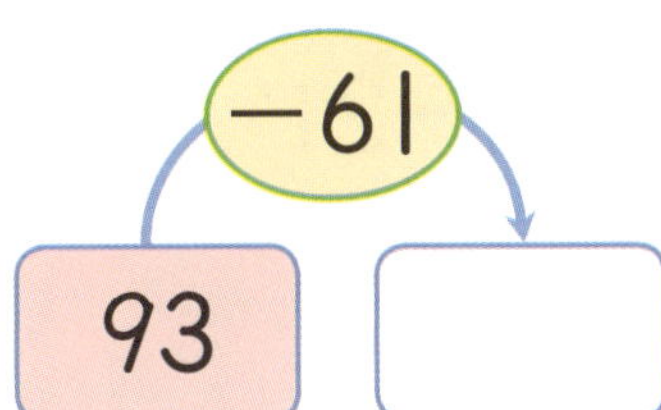

어려운 뺄셈은 한 번 더!

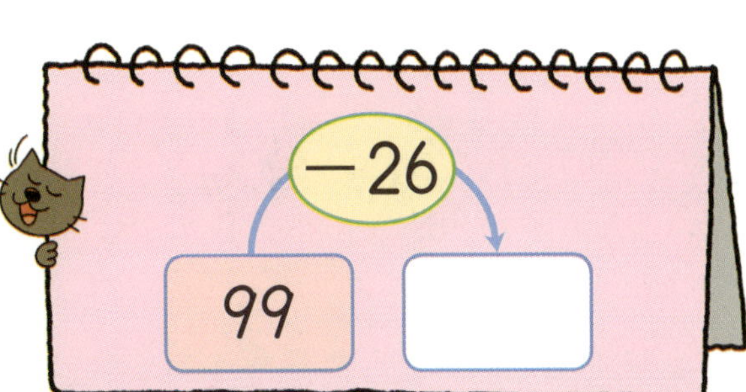

⭐ 빈 곳에 알맞은 수를 써넣으세요.

1.

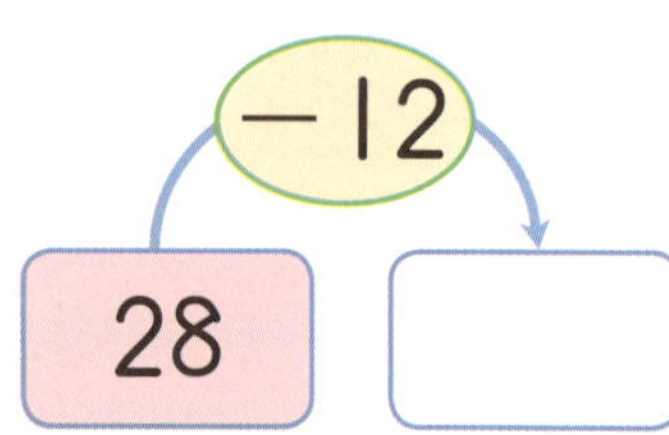

2.

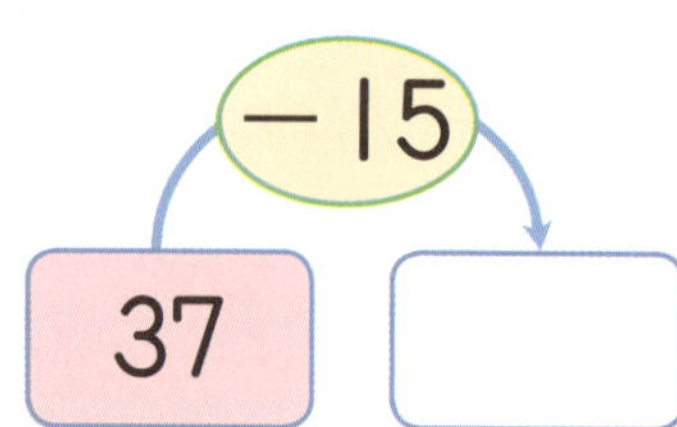

3.

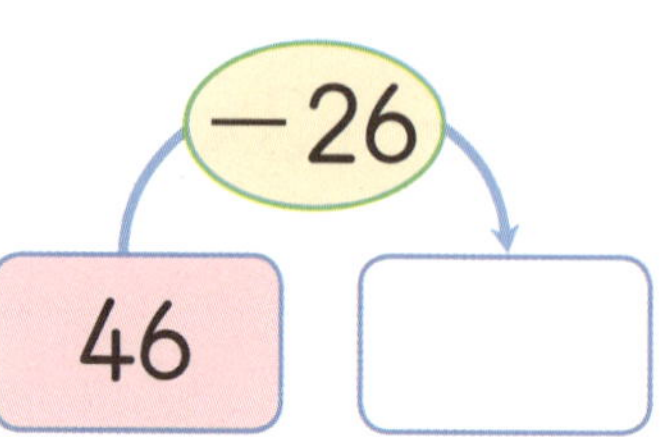

4.

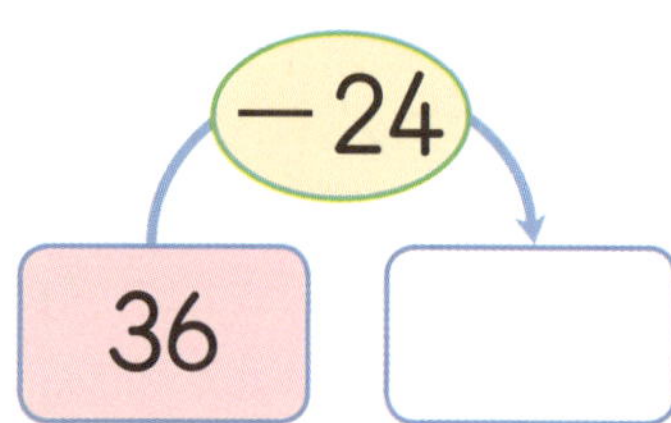

5.

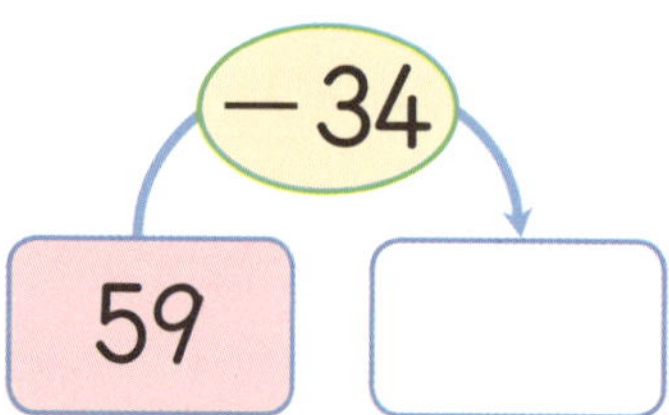

6.

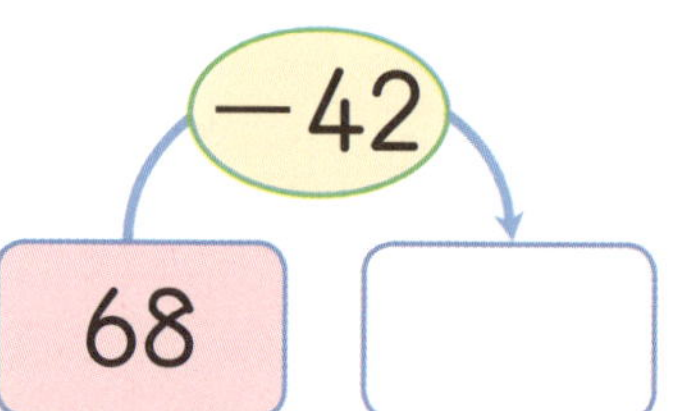

7.

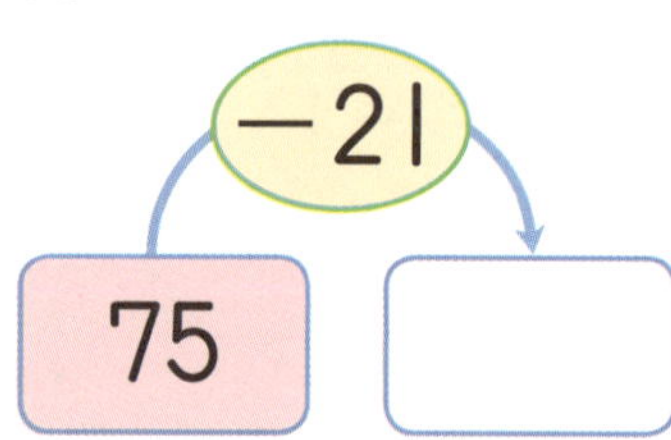

8.

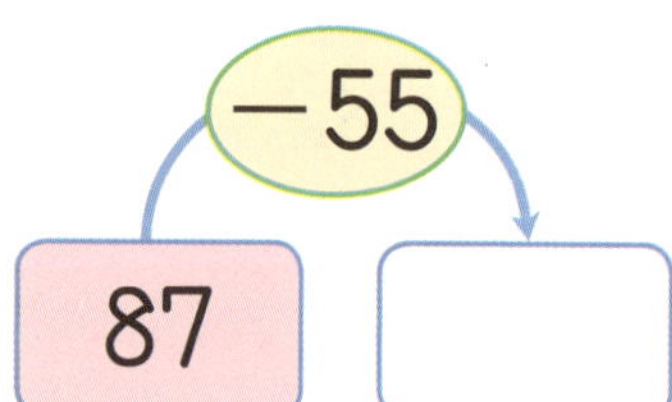

9.

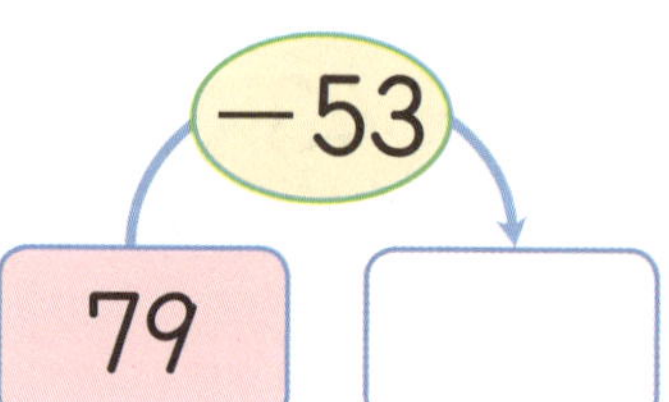

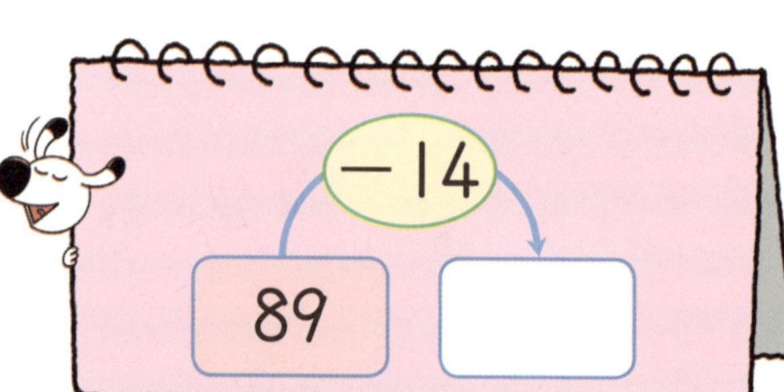

⭐ 빈 곳에 알맞은 수를 써넣으세요.

1.

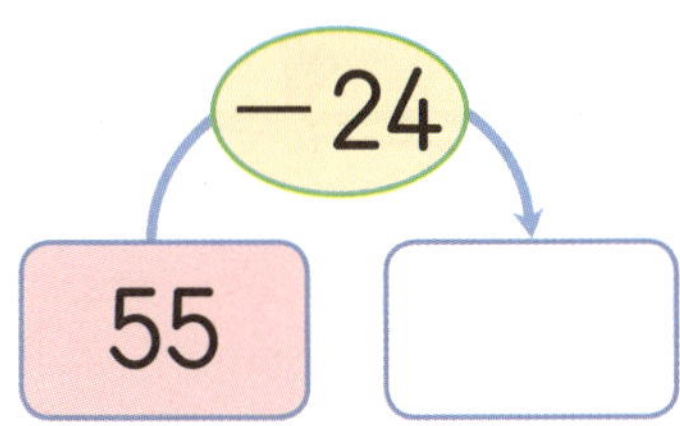

2.

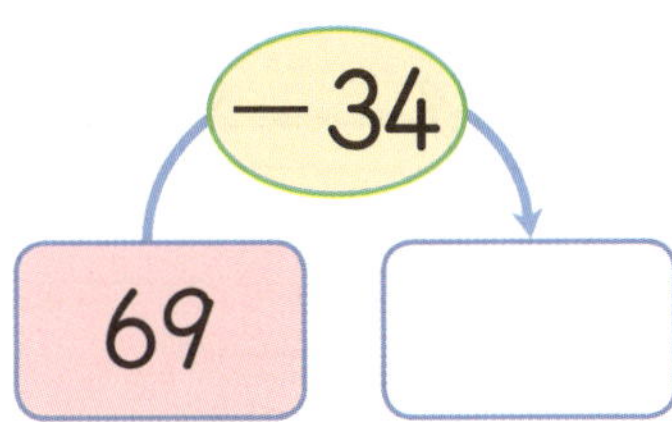

3.

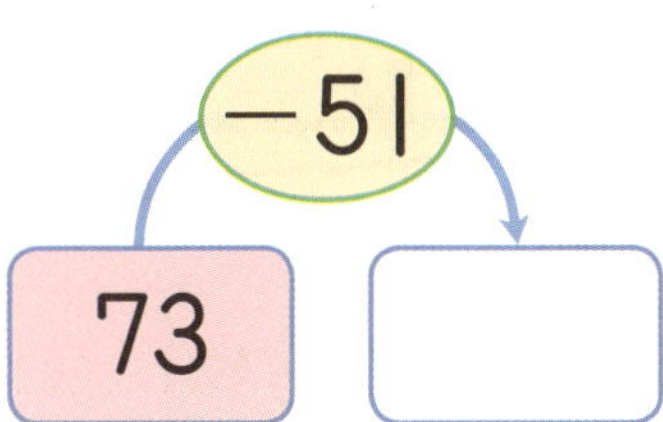

4.

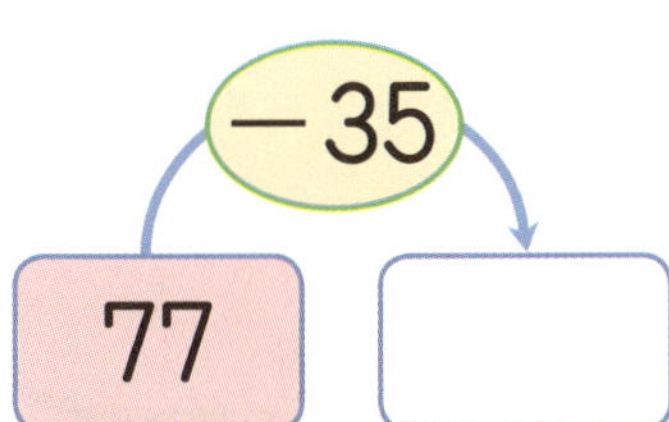

5.

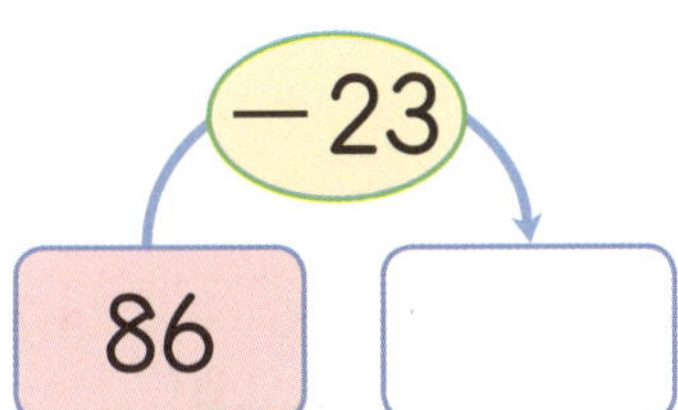

6.

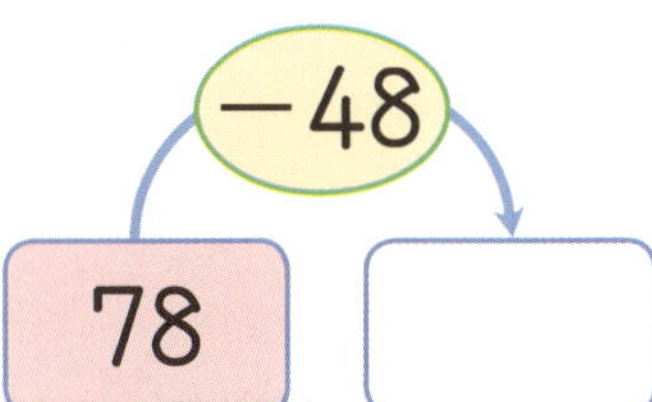

7.

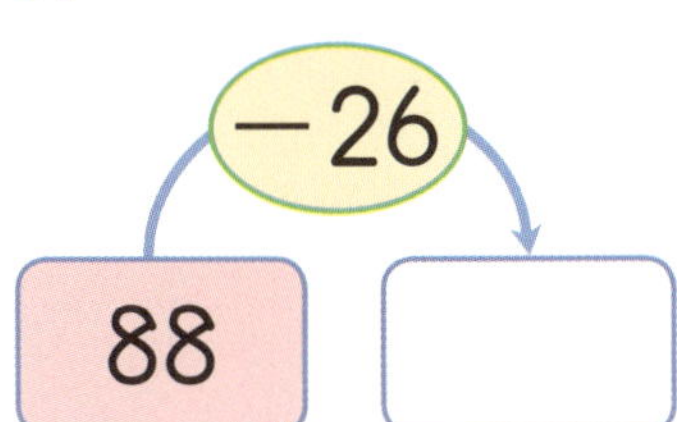

8.

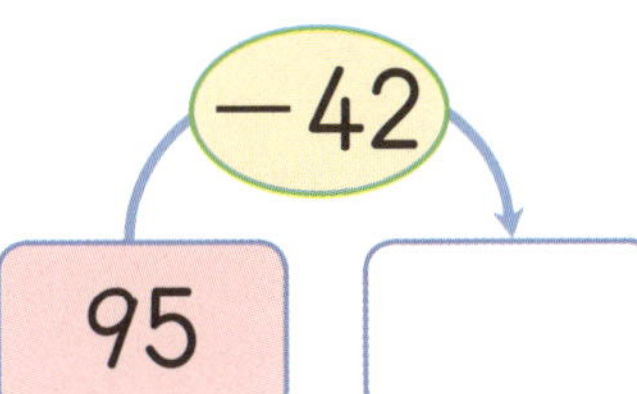

9.

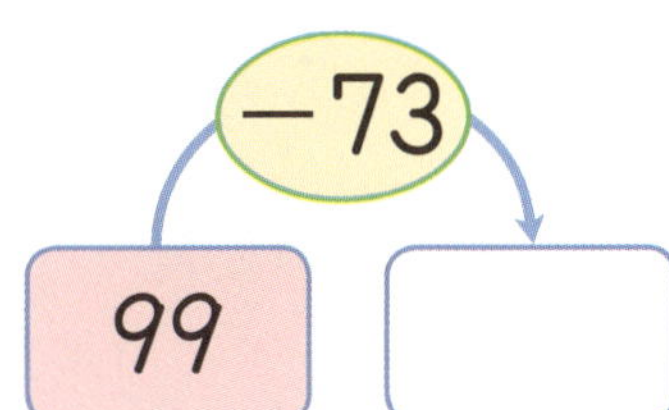

24. 두 자리 수의 뺄셈 총정리

 뺄셈을 하고 차가 가장 큰 빨래에 ○표 하세요.

1.

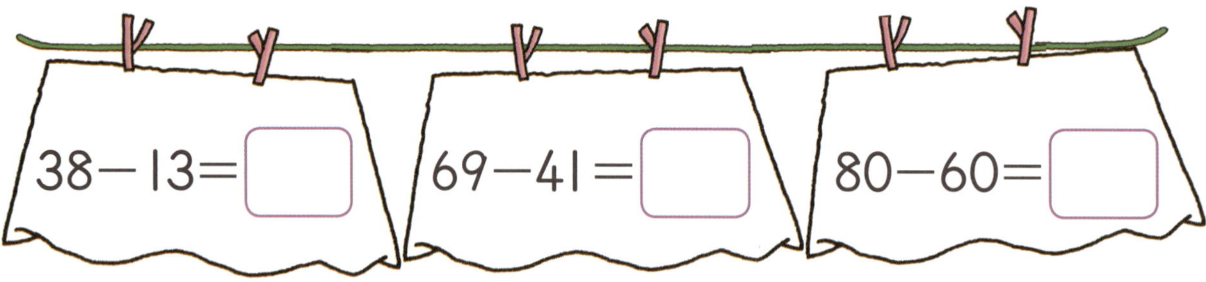

2.

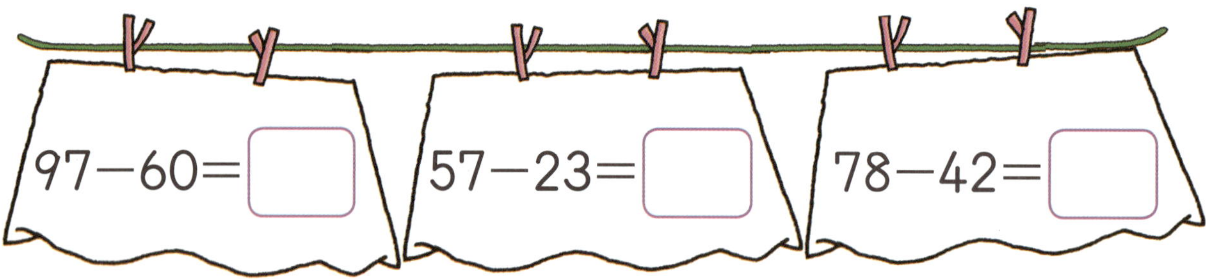

3.

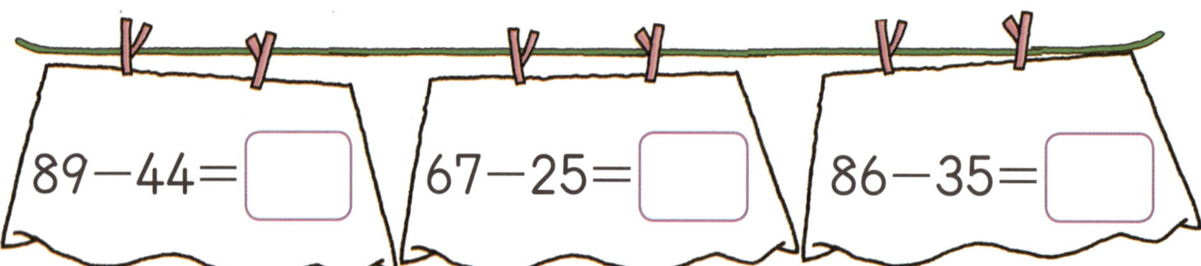

⭐ 뺄셈을 하고 ☐에 해당하는 글자를 아래 빈칸에 써넣고, 수수께끼의 답을 쓰세요.

70 − 20 = ☐ 　지

99 − 25 = ☐ 　개

96 − 70 = ☐ 　인

87 − 26 = ☐ 　않

78 − 31 = ☐ 　물

64 − 32 = ☐ 　데

			26	32	47	50	61		74		
개	는	개						는		는	?

무　지　개

⭐ 뺄셈을 하고 계산 결과가 가장 큰 토끼에 ○표 하세요.

1.

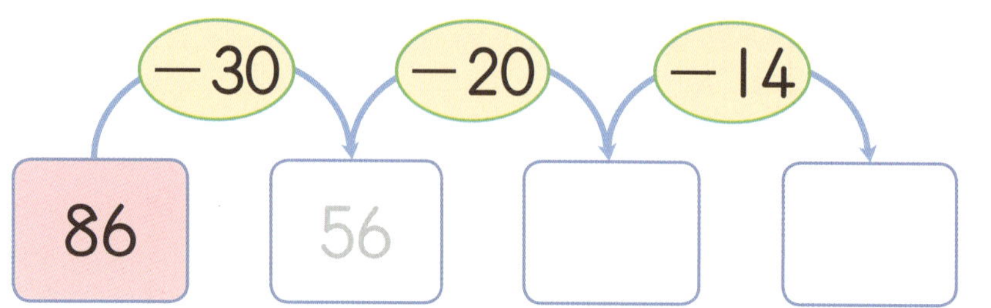

2.

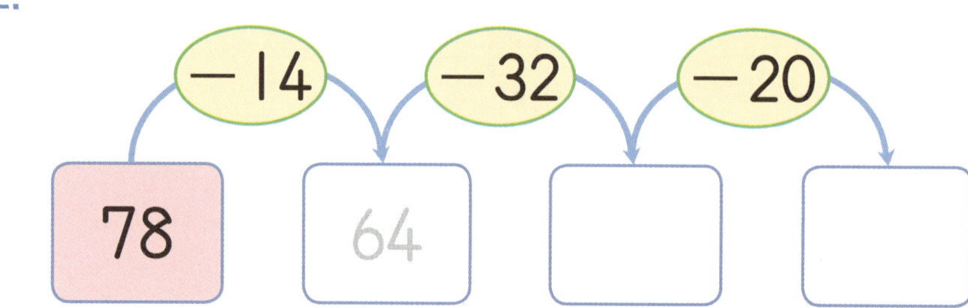

3.

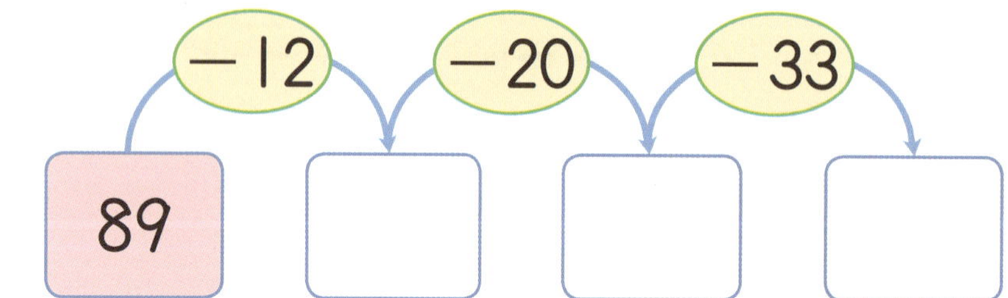

4.

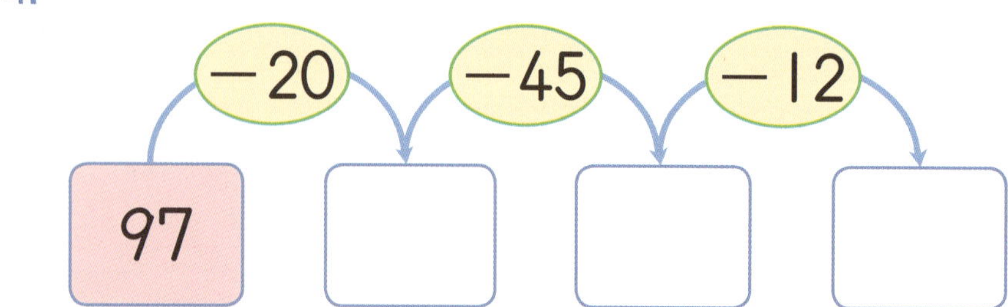

⭐ 바른 답을 따라갔을 때 쁘냥이가 먹을 수 있는 음식을 찾아 ◯표 하세요.

27−15	→12→ 38−26	→14→ 29−17
↓11	↓12	↓12
55−24	→31→ 49−24	→26→ 67−53
↓41	↓25	↓14
68−24	→34→ 86−62	→24→ 94−71
↓44	↓26	↓23

햄버거 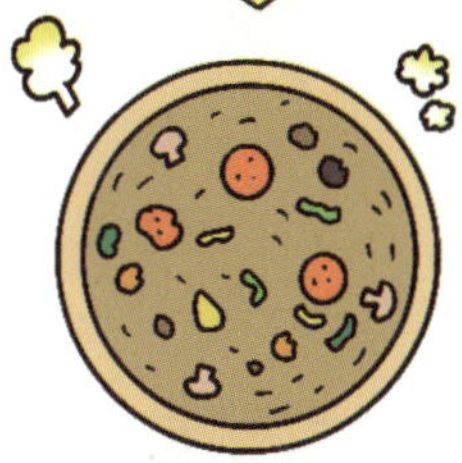　　　　　　　피자 　　　　　　　통닭

뺄셈 - 최종 점검 문제!

맞힌 개수 _______________ 개

13문제 이상 맞히면, 초등학교 입학 전 뺄셈은 충분해요!

 **뺄셈을 하세요. [1~15]**

1. $5 - 3 = \square$

2. $8 - 3 = \square$

3. $9 - 2 = \square$

4. $7 - 4 = \square$

5. $11 - 3 = \square$

6. $13 - 7 = \square$

7. $14 - 5 = \square$

8. $15 - 8 = \square$

9. $16 - 9 = \square$

10. $78 - 6 = \square$

11.
$$\begin{array}{r} 8\ 9 \\ -\ \ \ 5 \\ \hline \end{array}$$

12.
$$\begin{array}{r} 6\ 3 \\ -\ 3\ 0 \\ \hline \end{array}$$

13.
$$\begin{array}{r} 5\ 9 \\ -\ 1\ 3 \\ \hline \end{array}$$

14.
$$\begin{array}{r} 8\ 7 \\ -\ 4\ 3 \\ \hline \end{array}$$

15.
$$\begin{array}{r} 9\ 8 \\ -\ 6\ 7 \\ \hline \end{array}$$

※ 정답은 123쪽에서 확인하세요!

바쁜 빠른 뺄셈

1단계 12쪽

1. 1, 5 / 6, 1, 5
2. 9, 4, 5 /
   9 빼기 4는 5와 같습니다.

1단계 13쪽

1. 3, 5 / 8, 3, 5
2. 9, 6, 3 /
   9와 6의 차는 3입니다.

1단계 14쪽

1. 1, 4   2. 3, 4   3. 2, 4
4. 2, 6   5. 5, 2   6. 4, 5
7. 8, 3, 5   8. 9, 2, 7

1단계 15쪽

1.  , 3
2. , 3
3. , 3
4. , 3
5. , 2
6. , 8
7. , 4
8. , 6

2단계 16쪽

1. 2, 4   2. 5, 2   3. 5, 3
4. 2, 6   5. 4, 5   6. 6, 3

2단계 17쪽

1. 8   2. 7   3. 6   4. 5
5. 4   6. 3   7. 2   8. 1
9. 7   10. 2   11. 4   12. 3
13. 5   14. 6

2단계 18쪽

1. 6   2. 4   3. 3   4. 1
5. 2   6. 5   7. 4   8. 2
9. 3   10. 1   11. 4   12. 3
13. 2   14. 1   15. 3   16. 1

2단계 19쪽

1. 2   2. 2   3. 1   4. 1
5. 3   6. 6   7. 2   8. 5
9. 5   10. 7

3단계 20쪽

1. 0   2. 0   3. 0   4. 0
5. 1   6. 2   7. 5   8. 8

3단계 21쪽

1. 0   2. 0   3. 0   4. 0
5. 0   6. 0   7. 3   8. 2
9. 7   10. 4   11. 5   12. 9

3단계 22쪽

1. 0   2. 1   3. 7   4. 0
5. 6   6. 0   7. 0   8. 9
9. 0   10. 0   11. 5   12. 0

3단계 23쪽

1. 8   2. 0   3. 1   4. 3
5. 0   6. 0   7. 6   8. 1
9. 3   10. 4

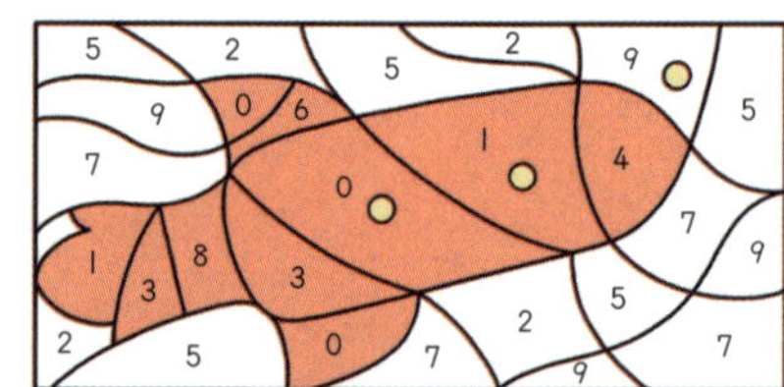

4단계 24쪽

1.

−	5	8	6	9	2	7
1	4	7	5	8	1	6

2.

−	3	2	9	6	8	7
2	1	0	7	4	6	5

3.

−	5	7	8	4	9	6
3	2	4	5	1	6	3

1.

−	4	6	8
1	3	5	7

2.

−	5	7	9
2	3	5	7

3.

−	7	8	9
3	4	5	6

4.

−	9	8	7
4	5	4	3

5.

−	6	8	9
5	1	3	4

6.

−	8	9	7
6	2	3	1

1.

−	4
1	3
2	2
3	1

2.

−	5
5	0
4	1
3	2

3.

−	6
2	4
3	3
4	2

4.

−	7
0	7
2	5
5	2

5.

−	8
6	2
4	4
1	7

6.

−	9
2	7
4	5
8	1

1.

−	6
1	5
5	1
6	0

2.

−	7
3	4
5	2
7	0

3.

−	8
8	0
0	8
2	6

4.

−	8
3	5
5	3
7	1

5.

−	9
4	5
6	3
9	0

6.

−	9
7	2
1	8
5	4

1. 3, 8, 8   2. 5, 6, 6
3. 4, 7, 7   4. 6, 8, 8

1. 6   2. 8   3. 9   4. 6
5. 7   6. 9   7. 9   8. 9
9. 9   10. 9

1. 3, 1, 1   2. 4, 2, 2
3. 3, 2, 2   4. 5, 3, 3
5. 4, 1, 1   6. 8, 4, 4

1. 0   2. 3   3. 1   4. 2
5. 2   6. 1   7. 2   8. 2
9. 0   10. 2

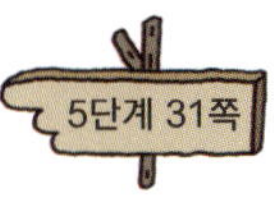

1. 5, 3, 3   2. 6, 4, 4
3. 8, 3, 3   4. 9, 6, 6
5. 6, 3, 3   6. 9, 3, 3

1. 4   2. 5   3. 4   4. 4
5. 4   6. 4   7. 3   8. 7
9. 6   10. 3

1. 2, 7, 7   2. 4, 7, 7
3. 4, 5, 5   4. 3, 8, 8
5. 4, 6, 6   6. 2, 8, 8

1. 9   2. 8   3. 7   4. 6
5. 9   6. 6   7. 8   8. 5
9. 8   10. 6

 7단계 36쪽

1. 3   2. 2   3. 3   4. 4
5. 7   6. 3   7. 4   8. 3
9. 4   10. 2   11. 4   12. 5

 7단계 37쪽

1. 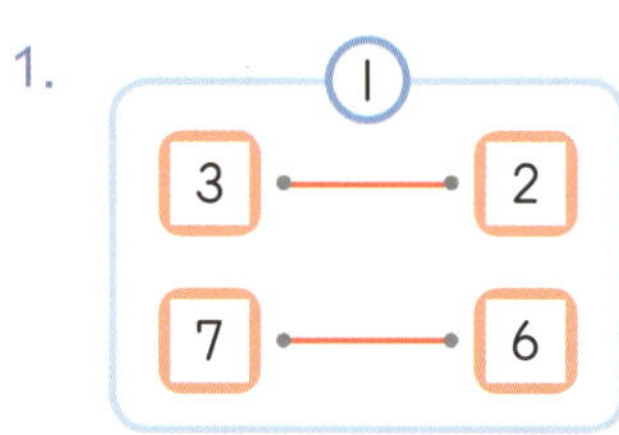

2. 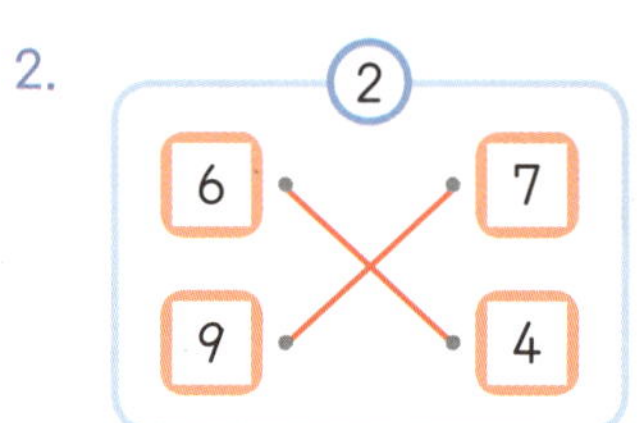

3. 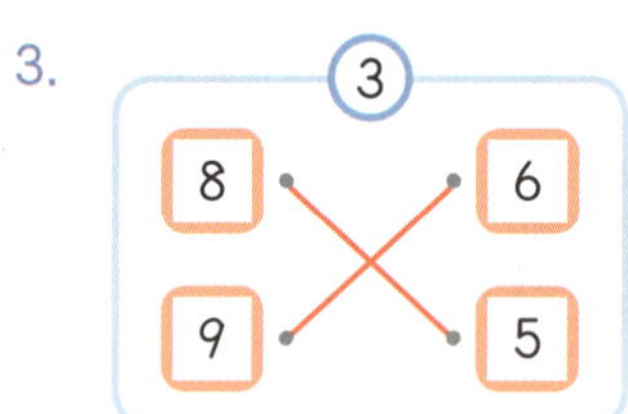

4. 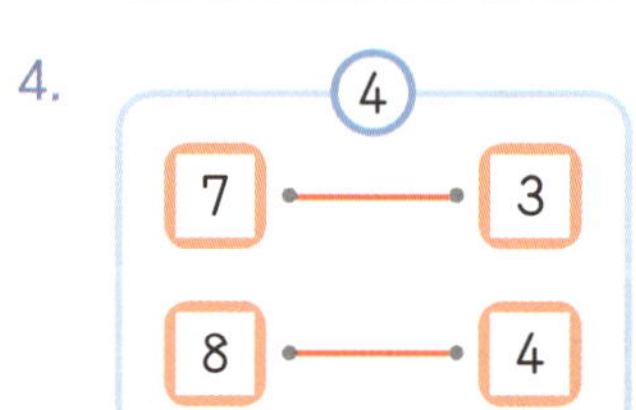

5. 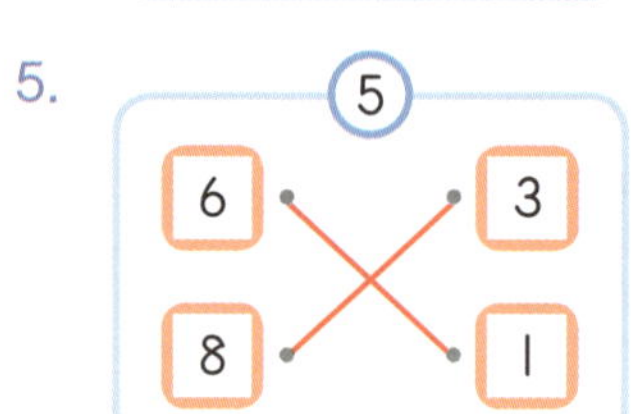

6. 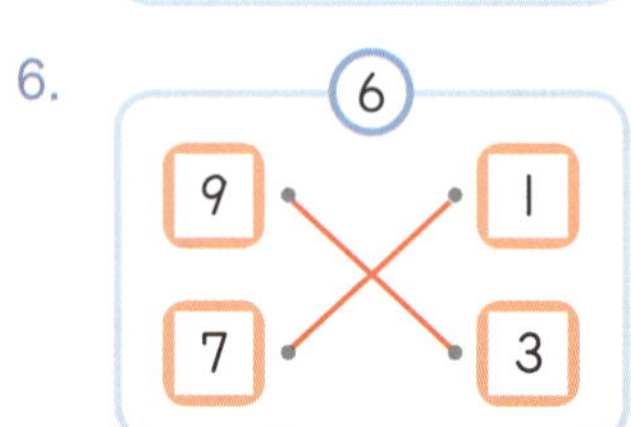

 7단계 38쪽

(위에서부터) 6, 4, 5, 3, 2, 7
티끌 모아 태산

 7단계 39쪽

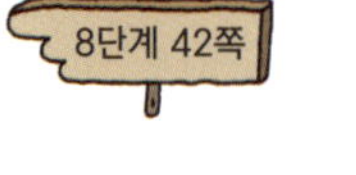

8

 8단계 42쪽

1. 9   2. 7   3. 6   4. 3
5. 8   6. 5   7. 4   8. 2

8단계 43쪽

1. 2, 8   2. 4, 6   3. 3, 7
4. 5, 5   5. 8, 2   6. 6, 4
7. 7, 3   8. 9, 1

8단계 44쪽

1. 9   2. 1   3. 8   4. 2
5. 7   6. 3   7. 6   8. 4

9. 5   10. 8   11. 8   12. 3
13. 3   14. 6   15. 6   16. 9
17. 9   18. 5

 8단계 45쪽

1. 4   2. 1   3. 2   4. 5
5. 8   6. 4   7. 3   8. 9
9. 6   10. 8   11. 3   12. 1
13. 7   14. 2

9

 9단계 46쪽

1. 5, 5, 5   2. 3, 3, 7

 9단계 47쪽

1. 1, 1, 9   2. 3, 3, 7
3. 5, 5, 5   4. 2, 2, 8
5. 5, 5, 5   6. 7, 7, 3
7. 1, 1, 9   8. 2, 2, 8

 9단계 48쪽

1. 1, 3, 3, 7
2. 2, 4, 4, 6
3. 3, 2, 2, 8
4. 4, 4, 4, 6
5. 1, 8, 8, 2
6. 6, 1, 1, 9
7. 2, 5, 5, 5
8. 5, 1, 1, 9

9단계 49쪽

1. 2, 6, 10, 6, 4
2. 3, 1, 10, 1, 9
3. 1, 4, 10, 4, 6
4. 4, 3, 10, 3, 7
5. 5, 3, 10, 3, 7
6. 6, 3, 10, 3, 7
7. 1, 6, 10, 6, 4

10

10단계 50쪽

1. 4, 9
2. 1, 5

10단계 51쪽

1. 1, 1, 3
2. 2, 2, 8
3. 1, 1, 8
4. 10, 2, 5
5. 3, 3, 7
6. 10, 4, 5
7. 5, 5, 6
8. 10, 6, 8

10단계 52쪽

1. 1, 1, 1, 2
2. 2, 7, 2, 9
3. 3, 5, 3, 8
4. 10, 2, 4, 6
5. 1, 6, 1, 7
6. 10, 3, 6, 9
7. 5, 2, 5, 7
8. 10, 1, 3, 4

10단계 53쪽

1. 8, 2, 2, 2, 4
2. 6, 4, 4, 4, 8
3. 5, 1, 5, 1, 6
4. 10, 7, 3, 5, 8
5. 4, 3, 6, 3, 9
6. 9, 2, 1, 2, 3
7. 2, 1, 8, 1, 9

11

11단계 54쪽

1. 9
2. 9
3. 9
4. 9
5. 9
6. 9
7. 9
8. 9
9. 8
10. 8
11. 8
12. 8
13. 8
14. 8
15. 8
16. 3

11단계 55쪽

1. 7
2. 7
3. 7
4. 7
5. 7
6. 7
7. 6
8. 6
9. 6
10. 6
11. 6
12. 5
13. 5
14. 5
15. 5
16. 4

11단계 56쪽

1. 5
2. 5
3. 3
4. 3
5. 9
6. 8
7. 9
8. 8
9. 9
10. 8
11. 9
12. 9
13. 5
14. 9
15. 7
16. 7

12

11단계 57쪽

1. 7
2. 8
3. 9
4. 9
5. 4
6. 7
7. 4
8. 8
9. 6
10. 7

12단계 58쪽

1.

−	11	12	13	14	15	16
7	4	5	6	7	8	9

2.

−	12	11	13	16	15	14
8	4	3	5	8	7	6

3.

−	11	13	15	12	14	18
9	2	4	6	3	5	9

12단계 59쪽

1.

−	11	13	12
4	7	9	8

2.

−	13	12	11
5	8	7	6

3.

−	15	14	13
6	9	8	7

4.

−	16	14	12
7	9	7	5

5.

−	13	15	17
8	5	7	9

6.

−	17	16	14
9	8	7	5

12단계 60쪽

1.

−	11
2	9
5	6
8	3

2.

−	12
4	8
6	6
8	4

3.

−	13
5	8
7	6
9	4

4.

−	14
5	9
7	7
9	5

5.

−	15
8	7
7	8
6	9

6.

−	16
8	8
7	9
9	7

17 − 9 = 8

12단계 61쪽

1.

−	11
3	8
6	5
9	2

2.

−	12
5	7
7	5
9	3

3.

−	13
4	9
6	7
8	5

4.

−	14
8	6
6	8
5	9

5.

−	15
6	9
8	7
9	6

6.

−	16
7	9
9	7
8	8

18 − 9 = 9

13단계 62쪽

1. −5

11	6
12	7
13	8

2. −7

11	4
14	7
15	8

3. −8

12	4
13	5
14	6

4. −9

13	4
16	7
17	8

13단계 63쪽

1. −4

11	7
12	8
13	9

2. −5

12	7
13	8
14	9

3. −6

14	8
13	7
15	9

4. −7

12	5
13	6
16	9

5. −8

11	3
15	7
17	9

6. −9

12	3
15	6
18	9

13단계 64쪽

1. −5

11	6
14	9
13	8

2. −7

13	6
11	4
16	9

3. −8

16	8
14	6
12	4

4. −9

11	2
13	4
16	7

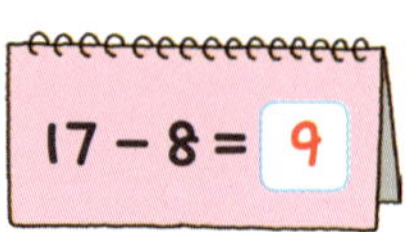

17 − 8 = 9

13단계 65쪽

1. −6

13	7
12	6
15	9

2. −7

12	5
15	8
14	7

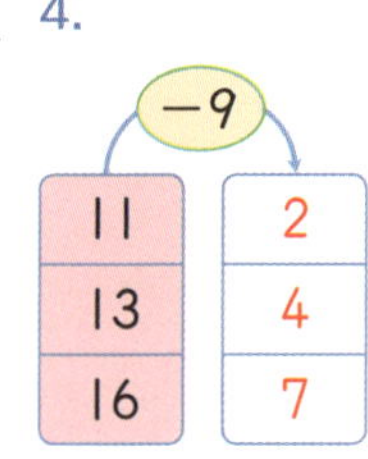

3. 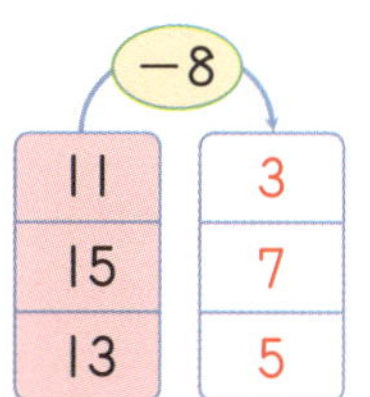

4. 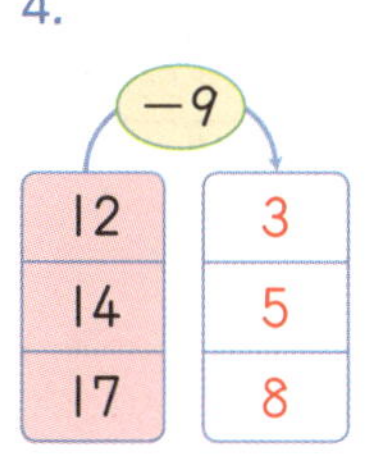

1. 6, 15
2. 9, 17
3. 9, 12
4. 8, 14
5. 7, 16
6. 7, 11

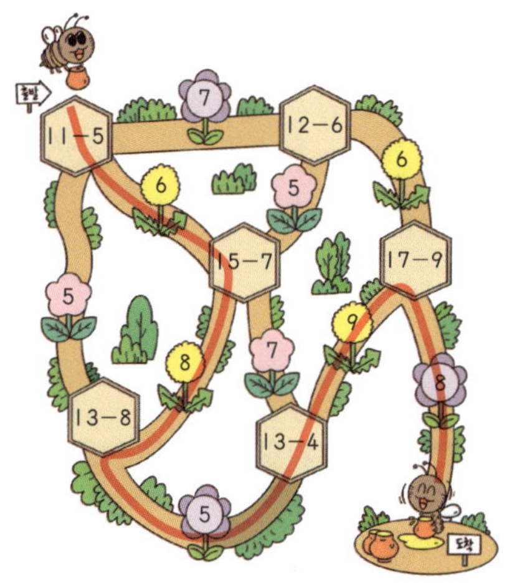

14

1. 11, 6 / 11, 6, 6
2. 15, 9 / 15, 9, 9
3. 13, 5 / 13, 5, 5

1. 13, 8
2. 12, 9
3. 15, 6
4. 11, 3
5. 12, 5
6. 14, 8

1. 8, 13 / 8, 13, 13
2. 4, 11 / 4, 11, 11
3. 8, 17 / 8, 17, 17

15

1. 4, 7, 5 / 두 번째 사과에 색칠
2. 1, 2, 3 / 세 번째 사과에 색칠
3. 9, 8, 6 / 첫 번째 사과에 색칠

1. 5, 9, 8 / 첫 번째 빨래에 색칠
2. 8, 6, 9 / 두 번째 빨래에 색칠
3. 8, 9, 6 / 세 번째 빨래에 색칠

(위에서부터)
4, 6, 3, 2, 7, 8, 5, 9
먹으면 먹을수록 많아지는 것은?
나이

16

1. 32
2. 53
3. 74
4. 42
5. 81
6. 94

1. 12
2. 32
3. 23
4. 45
5. 56
6. 71
7. 31
8. 91
9. 83
10. 71
11. 65
12. 94

1. 22
2. 81
3. 52
4. 63
5. 70
6. 93
7. 82
8. 34
9. 56
10. 74
11. 61
12. 92

16단계 79쪽

1. 35   2. 23   3. 71
4. 42   5. 54   6. 23
7. 16   8. 33   9. 86
10. 63   11. 77

17

17단계 80쪽

1. 22 / 2, 22
2. 57 / 7, 57

17단계 81쪽

1. 26   2. 41   3. 16   4. 33
5. 74   6. 53   7. 63   8. 84
9. 94   10. 71

17단계 82쪽

1. 43   2. 35   3. 22   4. 93
5. 52   6. 70   7. 86   8. 65
9. 90   10. 81

17단계 83쪽

1. 52   2. 80   3. 43   4. 63
5. 81   6. 72   7. 93   8. 36
9. 72

18

18단계 84쪽

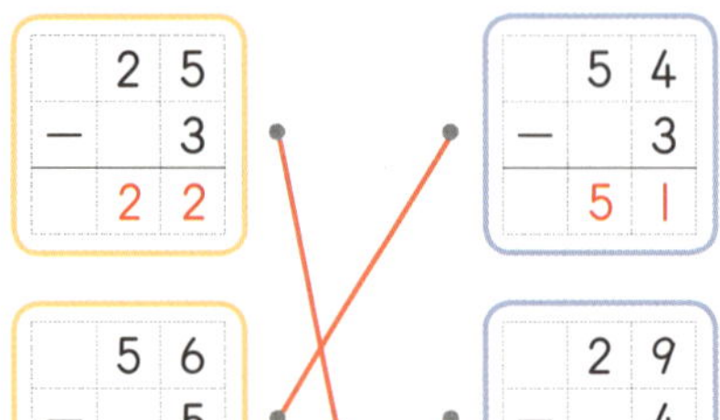

18단계 85쪽

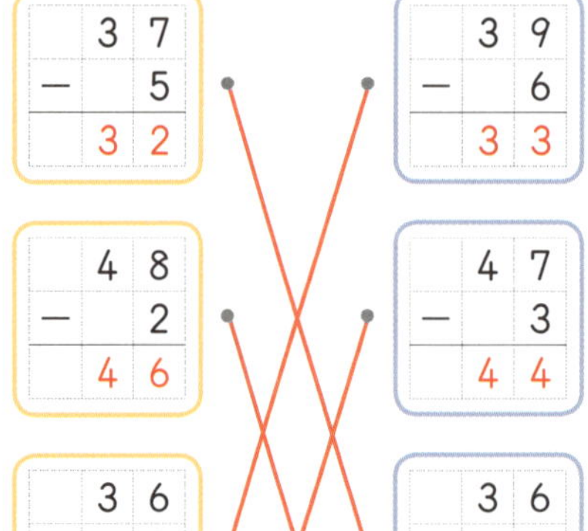

18단계 86쪽

$$86-1=85 \qquad 68-3=65$$

18단계 87쪽

$$76-3=73 \qquad 77-1=76$$

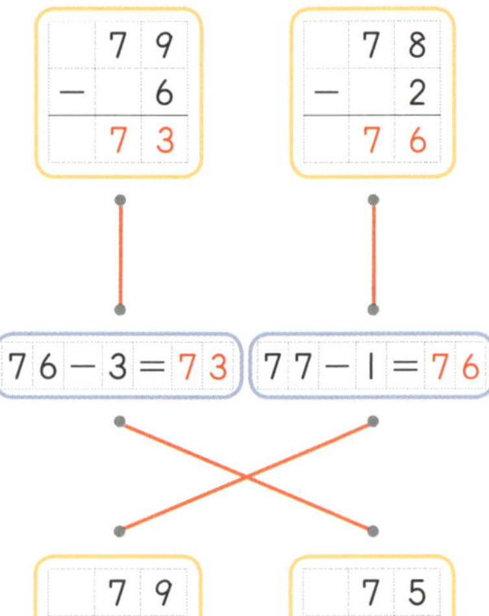

19

19단계 88쪽

1. 20   2. 32   3. 62

19단계 89쪽

1. 40 2. 40 3. 23
4. 21 5. 16 6. 35
7. 20 8. 25 9. 72
10. 13 11. 34 12. 71

19단계 90쪽

1. 80 2. 26 3. 24
4. 18 5. 12 6. 4
7. 35 8. 51 9. 23
10. 24 11. 41 12. 51

19단계 91쪽

1. 36 2. 44 3. 28
4. 62 5. 15 6. 11
7. 53 8. 16 9. 27
10. 21 11. 25

20단계 92쪽

1. 21 / 1, 21, 2
2. 43 / 3, 43, 4

20단계 93쪽

1. 24 2. 33 3. 25 4. 32
5. 15 6. 81 7. 60 8. 14
9. 53 10. 35

20단계 94쪽

1. 31 2. 42 3. 33 4. 61
5. 72 6. 24 7. 27 8. 54
9. 31 10. 23

20단계 95쪽

1. 53 2. 32 3. 23 4. 72
5. 52 6. 12 7. 33 8. 30
9. 66

21단계 96쪽

21단계 97쪽

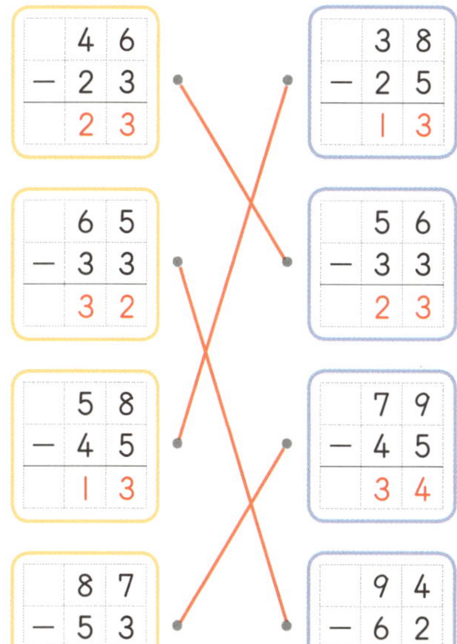

22단계 98쪽

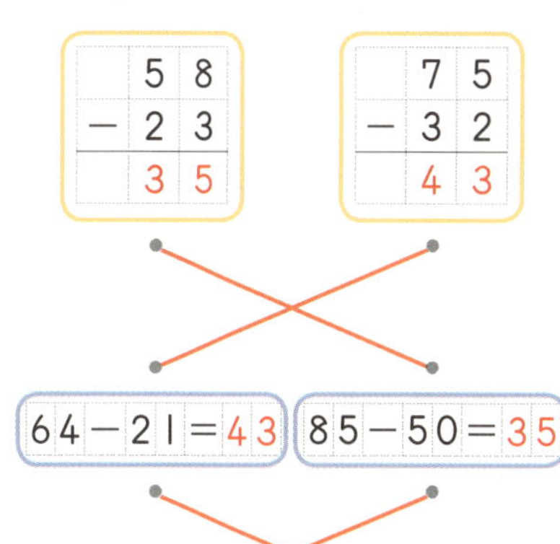

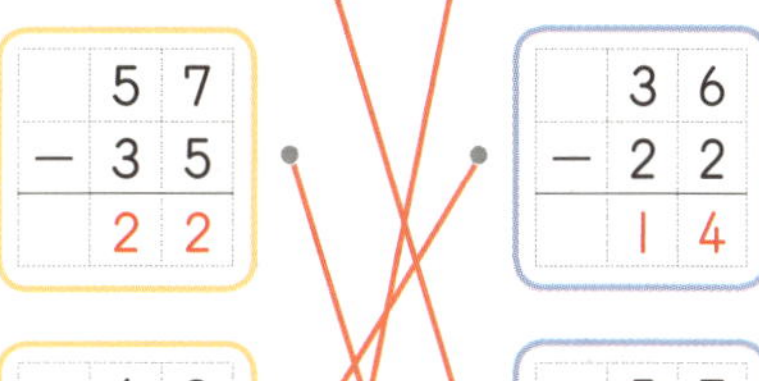

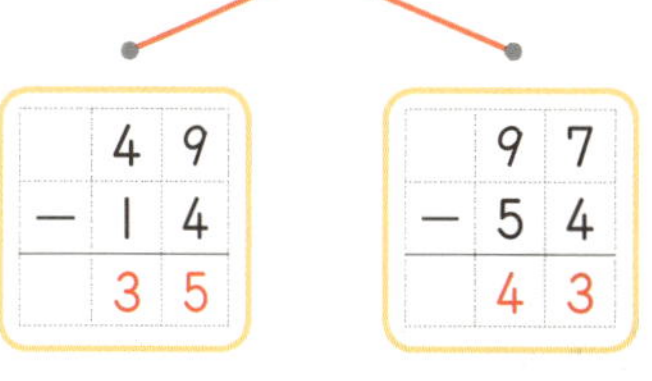

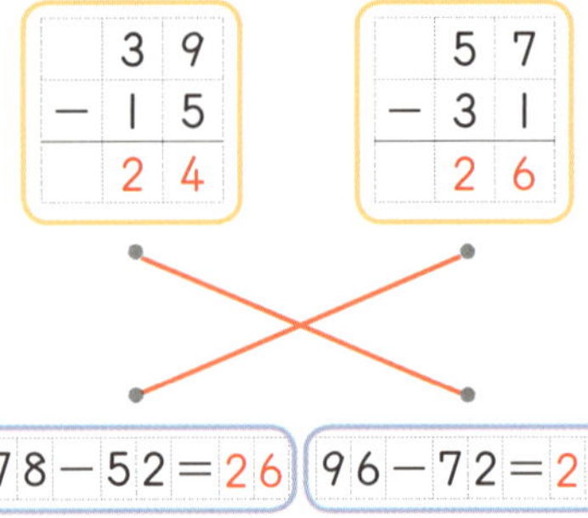

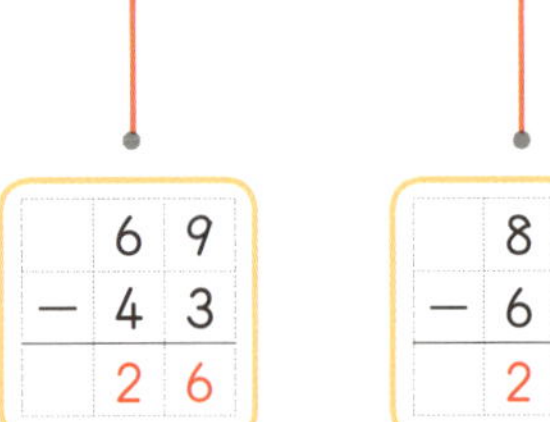

1. 50, 50   2. 16, 16
3. 54, 54   4. 40
5. 43   6. 43

1. 30   2. 50   3. 40
4. 41   5. 40   6. 30
7. 12   8. 48   9. 63

1. 60   2. 34   3. 43
4. 26   5. 31   6. 25
7. 18   8. 42   9. 54

1. 33   2. 21   3. 43
4. 35   5. 53   6. 54
7. 41   8. 82

1. 50   2. 36   3. 24
4. 25   5. 32   6. 16
7. 31   8. 52   9. 48

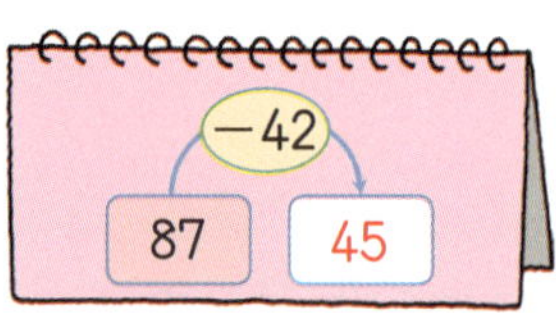

1. 15   2. 21   3. 27
4. 42   5. 34   6. 54
7. 25   8. 53   9. 32

1. 16   2. 22   3. 20
4. 12   5. 25   6. 26
7. 54   8. 32   9. 26

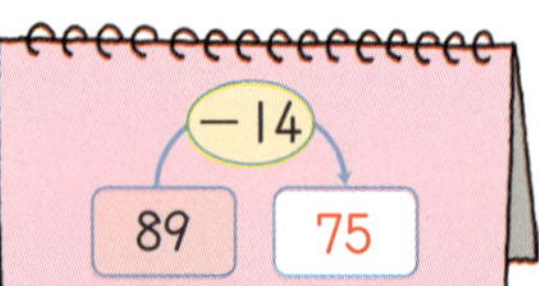

1. 31   2. 35   3. 22
4. 42   5. 63   6. 30
7. 62   8. 53   9. 26

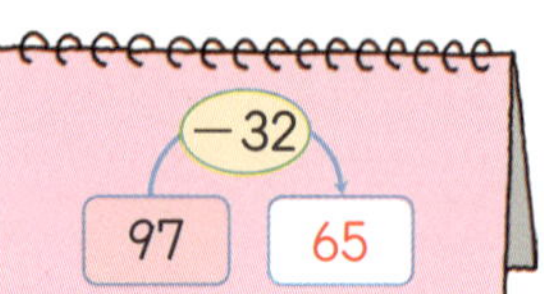

1. 25, 28, 20
   두 번째 빨래에 ◯표
2. 37, 34, 36
   첫 번째 빨래에 ◯표
3. 45, 42, 51
   세 번째 빨래에 ◯표

(위에서부터)
50, 74, 26, 61, 47, 32
개는 개인데 물지 않는 개는?
무지개

1. 56, 36, 22   2. 64, 32, 12
3. 77, 57, 24   4. 77, 32, 20
3번 토끼에 ◯표

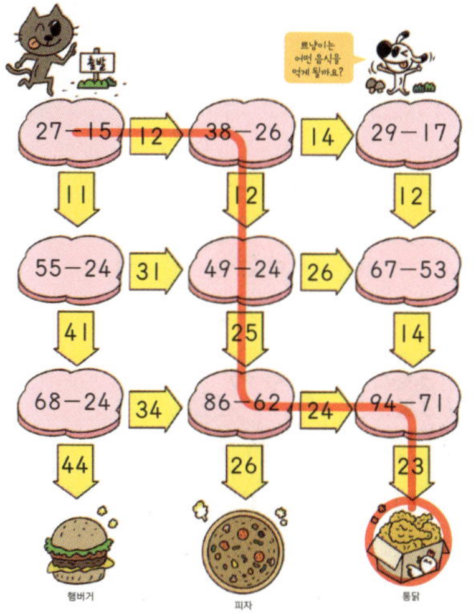

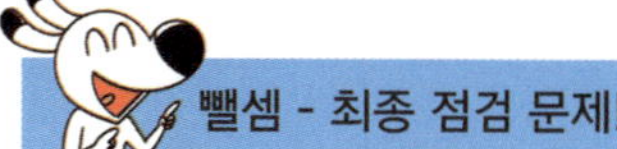

뺄셈 - 최종 점검 문제!

112쪽

1. 2	2. 5	3. 7
4. 3	5. 8	6. 6
7. 9	8. 7	9. 7
10. 72	11. 84	12. 33
13. 46	14. 44	15. 31

바쁜 초등학생을 위한 빠른 급수 한자 8급 | 9,000원

한 번 봐도 두 번 외운 효과! **두뇌 자극** 한자 책

초등 1학년도 10일이면 8급 시험 준비 끝!

7급 ①, ②권과 6급 ①, ②, ③권도 있어요!

바쁜 초등학생을 위한 빠른 맞춤법 시리즈